ELENA SCHULTE

FRÄULEIN
Wundervoll

Durch Gottes Liebe werden, wer ich bin

SCM

R. Brockhaus

SCM

Stiftung Christliche Medien

Der SCM Verlag ist eine Gesellschaft der Stiftung Christliche Medien, einer gemeinnützigen Stiftung, die sich für die Förderung und Verbreitung christlicher Bücher, Zeitschriften, Filme und Musik einsetzt.

© 2017 SCM-Verlag GmbH & Co. KG, 58452 Witten
Internet: www.scm-brockhaus.de; E-Mail: info@scm-verlag.de

Gesamtgestaltung: Kathrin Spiegelberg, Weil im Schönbuch
Titelbild: stocksy.com (Sergey Filimonov)
Druck und Bindung: Finidr s.r.o.
Gedruckt in Tschechien
ISBN 978-3-417-26808-9
Bestell-Nr. 226.808

Für Madita und Smilla. Meine wunderbaren Töchter.
Voller Hoffnung, dass ihr Frauen nach dem Herzen Gottes werdet.
Für René und Linus. Meine großartigen Männer.
Voller Dankbarkeit, weil ihr uns auf diesem Weg begleitet.
Und für Knöpfchen. Voller Vorfreude.
Wir lernen uns im nächsten Leben kennen.

Inhalt

Vorwort

Als Teenager hatte ich mir ein Poster mit Bonhoeffers berühmtem »Wer bin ich?«-Gedicht an die Wand gehängt. Natürlich war meine Lebenssituation überhaupt nicht vergleichbar mit der existenziellen Not, die Bonhoeffer im Gefängnis erlebte, als er das Gedicht schrieb. Aber seine grundlegenden Fragen rühren bis heute etwas in mir an: »Bin ich das wirklich, was andere von mir sagen – oder bin ich nur das, was ich selbst von mir weiß?« Denn die Frage, wer ich bin und was mich definiert, ist letztlich heute noch genauso aktuell wie damals. Gerade in einem vollen Alltag, in dem man häufig eher reagiert als agiert, kommt man schon mal ins Grübeln und denkt: Was macht mich als Persönlichkeit eigentlich im Kern aus? Was kann ich denn besonders gut? Welchen Beitrag leiste ich eigentlich, um diese Welt besser, schöner und lebenswerter zu machen?

Diesen Fragen- und Identitätsdruck kennt Elena Schulte nur zu gut. Auch sie beschäftigte die Frage: »Was macht mich aus – mein Wesen, mein Herz, mein eigentliches Sein? Bin ich nicht mehr als Rollen, die dazugehörigen Erwartungen und ein paar unerfüllte Wünsche?« Statt nur kurz darüber zu grübeln und dann einfach im Hamsterrad des Alltags weiterzumachen, hat sie sich die Zeit genommen, ein Buch darüber zu schreiben, um diesen Fragen mal in Ruhe auf den Grund zu gehen.

Ich finde, es ist ein Privileg, uns anhand von Elenas eigener Reise, über die sie in diesem Buch sehr offen und ehrlich schreibt, auf den Weg zu unserer wahren Identität machen zu dürfen. Wir werden mit klugen Gedanken angeregt, uns selbst und unsere Antreiber besser kennenzulernen. Wir werden herausgefordert,

Aufgaben unseres Lebens neu zu sortieren oder auch auszusortieren. Und wir werden inspiriert zu überlegen, wo der Platz sein und wie der Platz aussehen könnte, an dem wir genau richtig sind und unsere Seele ihre Bestimmung findet. Vor allem aber vermittelt Elena uns neu einen Zugang zu Gottes liebevollem Blick auf uns, der uns dabei hilft, wie Bonhoeffer damals, zu sagen: »Wer ich auch bin, du kennst mich, dein bin ich, o Gott!«

Melanie Carstens
ist Chefredakteurin der Zeitschrift JOYCE
und lebt mit ihrer Familie in Hamburg

Du wirst eine prachtvolle Krone
in der Hand des Herrn sein, ein kostbares Diadem
in der Hand deines Gottes.

JESAJA 62,3

Intro

Neulich ging ich in mich und war erstaunt – denn niemand war zu Hause.

»Schade«, dachte ich, und wollte schon wieder gehen. Doch dann dachte ich noch: »Zu schade eigentlich. Wo ich wohl bin?«

Und dann machte ich mich auf die Suche – nach mir.

Aber wo sucht man nach sich?

Vielleicht in alten Fotoalben. Da sieht man auf jeden Fall immer jünger aus. Hier ein Bild von mir, verkleidet als Prinzessin, die voller Stolz an ihre eigene Schönheit glaubt und sie fröhlich und frei der Welt zur Schau stellt. Oder jenes Bild, ich mit einer letzten Träne im Auge über ein aufgeschlagenes Knie, die aber durch eine warme Umarmung von Mama und ein kaltes Eis weggetröstet werden konnte. Ein Bild von mir bei der Einschulung – die Schultüte fast größer als ich. Ein Bild von mir beim Abitur, in meinem ersten langen Abendkleid am Körper und mit meinem ersten Freund an der Hand. Ein Bild von mir mit meinem Führerschein – ich weiß noch, wie ich die Straße entlanglief und bei jedem Auto, das ich sah, dachte: »... und das dürfte ich auch fahren. Und das auch. Und das auch.« Und jedes Foto erzählt etwas von meinen Träumen – mutig und groß und irgendwie naiv, aber ehrlich. Doch beim Blättern muss ich zugeben, dass ich anders geworden bin und die Suche nach mir in der Vergangenheit in der Gegenwart nicht zum Ziel führen wird.

Vielleicht finde ich mich ja in meinem Briefkasten. Da sind auf jeden Fall noch eine Menge anderer Leute auf der Suche nach mir. Die Fernuniversität, die ich mal angeschrieben habe, weil ich dachte, dass sich vielleicht noch ein Studium nebenbei unterbringen ließe – ha! – und die seitdem nicht aufgibt, aus mir doch noch eine Online-Marketing-Managerin in nur vier Semestern machen zu wollen. Das Finanzamt, das mich mittlerweile zum zweiten Mal an die Abgabefrist meiner Steuererklärung erinnert und mich sehr unbarmherzig über den Verspätungszuschlag informiert. Die Schule, die in bunten Worten und fröhlichen Farben das Sommerfest ankündigt. Die Tageszeitung, die mich mit Informationen beglücken, befüllen, bedrücken möchte. Der Drogeriemarkt meines Vertrauens, »Hier bin ich Mensch, hier kauf ich ein«, der endlich auch die »true black false lash effect«-Mascara im Sortiment hat, mit der mein Blick auf dieses Leben völlig new und absolut fascinating sein soll! Doch auch, wenn alles in meinem Briefkasten irgendwie auf der Suche nach mir, nach meiner Aufmerksamkeit und den Sehnsuchtslöchern in mir ist, so bin ich selbst in all dem doch nicht zu finden.

Vielleicht finde ich mich ja in meinem Kalender. Auf jeden Fall lässt sich da eine ganze Menge finden. Und es ist schwer ersichtlich, ob hier eine Mutter, eine Unternehmerin, eine Lebenskünstlerin oder eine Verrückte ihre Termine eingetragen hat. Vielleicht alle vier. Die Fülle der Aktivitäten ließe sich jedenfalls auf mindestens vier Leben verteilen.

Montag: Kinder in die Schule (Fotograf ist da!) – einkaufen (Sellerie und Streichhölzer nicht vergessen!) – Telefontermin mit Verlag wegen Artikelabgabe – kochen – Kinder abholen – 14:45 Elterngespräch in der Schule – danach Zwischenstopp bei Franziska – Auto in die Werkstatt bringen – meinen Mann von der Arbeit abholen – joggen mit Tine – Kids ins Bett – 20 Uhr Mitarbeiterbesprechung Kidstreff (Sommerfest planen).

Dienstag: Nicht vergessen: Schulfrei! – Kinder zu Oma bringen – 9 Uhr Vorbereitungssitzung für ein Event im Herbst – 12 Uhr

Zahnarzttermin – Mittagessen unterwegs – ab 14 Uhr zu Hause sein und auf Elektriker warten – …

Ich höre lieber auf zu lesen, denn ich bekomme Angst. Angst davor, mich am Ende tatsächlich hier zu finden, was bedeuten würde, dass ich nicht mehr bin als eine lange Liste von Anforderungen, Terminen und To-dos. Und das würde ich nicht ertragen. Da muss doch noch mehr sein … *Ich* muss doch noch mehr sein …

Mein Blick fällt auf die glänzende Oberfläche einer Obstschale. Mein Spiegelbild darin sieht lustig aus, denn die gewölbte Schale verzerrt mein Gesicht. Die Augen erscheinen wie Schlitze, dafür die Nase überdimensional groß. Und wenn ich den Mund öffne, könnte dieser auch dem Krümelmonster gehören, das versucht, 17 Kekse auf einmal zu essen. Wie gut, dass dieses Spiegelbild nicht meinem wahren Ich entspricht. Dass ich eigentlich ganz anders aussehe. Dass sich hier nur eine Karikatur der Wirklichkeit abzeichnet.

Um mich so zu sehen, wie ich in Wahrheit aussehe, muss der Spiegel kristallklar sein, rein, glatt, glänzend und ehrlich.

Und ich beginne zu ahnen, dass hierin auch das Ziel meiner Suche nach mir selbst liegt. Was mir begegnet ist – in meinem Album, meinem Briefkasten, meinem Kalender – waren verzerrte Abbildungen der Wirklichkeit. Momentaufnahmen, Teilabschnitte, überdimensionierte Details. Ich habe Träume gesehen, Grenzen, Anforderungen, Enttäuschungen, Pläne. Enge und Weite, Höhen und Tiefen, Seifenblasen und Stahlbetonmauern, den Himmel und die Erde. Aber nichts davon hat mich in meiner Ganzheit gezeigt. Nichts hat die Suche nach mir zum Ziel geführt. Um *mich* zu sehen, wie ich wirklich bin, muss ich den anschauen, der kristallklar, rein, glatt, glänzend und ehrlich ist. Der mich besser kennt als ich mich selbst. Bei dem ich sein darf – weit weg von Rollen und Ansprüchen wie »so solltest du besser sein«. Der mich nicht verzerren möchte, weil er nicht an mir zerrt, sondern weil er mich liebt. Mit weit geöffneten Armen. Mich einlädt, alles bei ihm abzuladen – auch meine eigenen Bilder von mir, die ebenfalls nur selten der Wahrheit entsprechen, weil auch ich mich im Vergleich mit anderen entstellt sehe. Als Begrenzte, Verirrte, Heimatlose, Suchende, die weit weg ist von zu Hause.

Doch hier darf ich ankommen. Bei meinem Heimatgeber, meinem Glücklichmacher, meinem Schuldvergeber und Liebesspender. Bei meinem Schöpfer. Bei meinem Vater. Bei meinem Gott.

Zurück zu mir finde ich nur bei ihm.

Und so kehrt langsam wieder Leben in mir ein, weil ich – je mehr ich mir seiner Nähe bewusst werde – Schritt für Schritt wieder zu mir komme.

Kapitel 1

Bestandsaufnahme –
Es muss sich etwas ändern!

Da sitzen wir. Am Tisch. Mitten in London in einer kleinen Dachgeschoss-WG bei sehr netten Leuten. Die Kurzversion der Geschichte, wie mein Mann und ich dort hingekommen sind, lautet: Freunde von Freunden haben Freunde, die diese WG kennen und sie an uns vermittelt haben, damit wir ein paar kostengünstige Nächte in London verbringen können.

Und wenn man sich mit noch unbekannten Leuten unterhält, ist die Frage »Was machst du so, wenn du nicht grade in London bist?« ja durchaus legitim und zu erwarten. Allerdings haut sie mich heute geradezu fast um.

Zuerst schießen mir – wie jedes Mal, wenn mir diese Frage gestellt wird – im Bruchteil einer Sekunde 37 Fragen durch den Kopf, wie z. B.:

Was ist bei einem solchen Kennenlerngespräch wirklich wichtig zu sagen?

Was beschreibt mich gut?

Was von dem, was ich tue, macht mich und meine Identität wirklich aus?

Was klingt gut, was lasse ich lieber weg?

Wer oder was bin ich wirklich und wer oder was wäre ich nur gerne?

Was beeindruckt mich und andere?

Was bin ich vielleicht, traue ich mich aber kaum zu sagen, obwohl ich so gerne würde? (Beispielsweise habe ich bereits drei Bücher geschrieben, aber von mir zu sagen, ich sei Autorin, kommt mir nur schwer über die Lippen. Das klingt viel zu groß und ich fühle mich dem nicht gewachsen oder nicht wert, dies von mir zu behaupten …).

Es ist ja nun durchaus nicht so, dass mir diese Frage zum ersten Mal gestellt würde, aber ihre Beantwortung fordert mich jedes Mal absolut heraus. Soll sie doch realistisch, demütig, fromm, attraktiv und beeindruckend zugleich sein.

Vielleicht liegt es daran, dass ich eine Frau bin und dazu auch noch perfektionistisch veranlagt. Wenn mein Mann diese Frage beantwortet, ist er in fünf Sekunden fertig und hat maximal zwei Sätze gesagt. Das reicht ihm. Sollen die anderen doch denken, was sie wollen – kann ihm doch egal sein. Wenn ich mich dieser Frage gegenüber sehe, fange ich jedes Mal an zu schwimmen, ringe nach Worten, bin hinterher unzufrieden mit meiner Antwort und frage mich noch lange, was der Fragesteller wohl über mich denkt und ob er nun ein gutes Bild von mir hat. Regelmäßig nehme ich mir dann vor, dass ich mir in einem ruhigen Moment mal eine wohlformulierte Antwort zurechtlegen muss, die ich dann bei Bedarf abrufen kann. Aber dazu kam es noch nie …

So beginne ich also einmal mehr, unvorbereitet zu erzählen. Und während ich das tue, erscheint es mir, als würde ich mir aus einer Zimmerecke als unbeteiligte Person selbst zuhören. Zuhören und dabei ziemlich große Ohren und Augen machen. Weil sich über meine Antwort eine neue Frage schiebt: »Echt? *Das bin* ich und das *mache* ich?«

Um verstehbar zu bleiben, sollte ich vielleicht erst mal etwas zu meiner ursprünglichen Antwort sagen. Da sprudelten nämlich die harten Fakten meines Lebens nur so aus meinem Mund:

Ich bin verheiratet (seit zehn Jahren – deshalb und anlässlich dieses Jubiläums auch diese Londonreise!). Ich bin Mutter. Wir haben zwei Kinder (kleine Anmerkung: zu dem Zeitpunkt in London sind es noch zwei Kinder. Beim Schreiben dieses Buches sind es dann schon drei. Nur, damit Sie beim Lesen nicht verwirrt sind!). Wir leben in einem kleinen Dorf im Westerwald. Dort haben wir vor einigen Jahren ein Haus gebaut. Außerdem bin ich beim Missions- und Bildungswerk Neues Leben angestellt. Mit einem Minijob. Als Evangelistin und Moderatorin. Als solche bin ich viel bei Veranstaltungen wie Frühstückstreffen oder Frauenabenden unterwegs und halte Referate zu Lebensthemen, die Frauen im mittleren (und tendenziell reiferen) Alter beschäftigen. Auf diesen Veranstaltungen bin ich oft mit Abstand die Jüngste. Mit großem Abstand, um genau zu sein. Ist nicht optimal, aber ist halt so. Desweiteren schreibe ich noch gerne, wenn ich dazu komme. Und ein paar Hobbys habe ich auch. Nähen. Sonstige kreative Ergüsse. Sport machen. Zeit mit Freunden verbringen. Lesen.

Wenige Sätze, die den Anspruch haben, mein Leben und mein Wesen zu verbalisieren. Das Wichtigste zusammenzufassen. Das bin ich. Aber, wie gesagt: Die unbeteiligte Person in der Zimmerecke alias ich im Selbstbeobachtungsmodus bekommt ein großes Fragezeichen im Gesicht und mir ist so, als würde in großen roten Blink-Lettern die Frage »*Das bist du? Wirklich?!*« an die Wand geschrieben stehen.

Interessanterweise hat auch meine Zuhörerin – die nette WG-Mitbewohnerin – freundliche und gleichzeitig fragende Augen. »Interessant, dass du das machst …!«, sagt sie. Damit meint sie vor allem meinen Job, glaube ich. Und mit »interessant« meint sie wohl eher etwas in Richtung »seltsam«, »hätte ich nicht gedacht« oder »passt gar nicht so zu dir«. Tja …

Den eigenen Puls fühlen

Identität. Großes Wort. Wer bin ich? Gute Frage.

Vor ein paar Jahren erschien das Buch »Wer bin ich – und wenn ja, wie viele?« von Richard David Precht. So wenig ich diesen Titel je verstanden habe, so sehr spricht er mir doch aus der Seele.

Denn ich habe den Eindruck, dass ich, wenn es um Identität geht, nicht mal die Frage wirklich verstanden habe – geschweige denn, die Antwort weiß.

Wer bin ich? Was definiert mich? Wozu bin ich hier?

Denn ich habe den Eindruck, dass ich, wenn es um Identität geht, nicht mal die Frage wirklich verstanden habe – geschweige denn, die Antwort weiß.

Natürlich gibt eine Selbstbeschreibung – vor allen Dingen in so einer Kennenlern-Situation wie der in London – immer nur einen Teil, einen winzigen Ausschnitt wieder. Doch ich komme sehr ins Nachdenken. Zugegebenermaßen mal wieder. Denn würde ich sagen, dass ich mir nicht öfter meine Gedanken darüber mache, wer ich bin und was mich wirklich existentiell ausmacht und was vielleicht eigentlich besser ganz anders in meinem Leben wäre, würde ich lügen.

Ich bin mir sicher, dass diese Fragen einerseits gesund sind. Denn wenn wir uns nicht hinterfragen, stellen wir die Dinge nicht auf den Prüfstand und dann wird sich nie etwas ändern. Auch das nicht, was sich dringend ändern sollte. Eben weil ja keiner danach fragt.

Andererseits merke ich, dass mir viele klare Antworten fehlen. Bei manchem bin ich mir relativ sicher, aber vieles fällt mir unglaublich schwer zu benennen, zu definieren, zu entscheiden.

»Wie ist es so, ein Haus zu haben?« Ja, wie ist das? Schön eigentlich. Aber auch mit viel Verantwortung verbunden. Wir sind da durch ein paar Umstände so »reingeraten«. Es war auf jeden

Fall nicht von langer Hand geplant. Aber jetzt ist es Teil unseres Lebens. Guter Teil. Ich bin überaus dankbar dafür. Aber es bindet auch. Schließlich sind wir jetzt sesshaft. Und auch spießig? Ein bisschen vielleicht. Ich weiß es nicht …

»Wollt ihr noch ein drittes Kind oder seid ihr ›fertig‹?« Ja, wollen wir? Sind wir eher so die Vollbluteltern, die Bauernhof-Urlaub machen und bei denen sich die Gummistiefel im Flur und die bunten Plastikbecher im Schrank stapeln, ohne dass es ihnen was ausmacht? Oder sind wir doch mehr die »Wir haben zwar Kinder, führen aber auch noch unser eigenes Leben«-Eltern, die auch mal ein Wochenende nach London fliegen oder ein Hobby haben, das sie regelmäßig ausüben, weil ihnen Zeit für sich selbst wichtig ist? Denkbar ist beides. Irgendwie. Ich weiß es nicht …

»Entspricht dein Job wirklich deinen Gaben?« Ja, tut er das? Vieles, was ich mache, mache ich, weil ich dafür angefragt werde. So läuft das in meinem Job. Ein Veranstalter lädt mich ein, ich fahre hin, halte den gewünschten Vortrag, fahre wieder nach Hause. Ob ich erfüllt nach Hause fahre? Mal mehr und mal weniger. Andere Dinge tue ich, weil ich wirklich dafür brenne und dort meinen Platz sehe. Arbeit unter jungen Familien zum Beispiel. Wieder andere Dinge tue ich, weil niemand anders sie tut, aber irgendjemand sie ja tun muss. Oder weil es bei meinem Arbeitgeber so üblich ist. Oder weil ich sie schon oft getan habe und alle erwarten, dass ich sie auch weiterhin tue. Wie viel davon immer ehrliche, eigene Entscheidung ist, innere Überzeugung, Ausüben meiner Gaben? Ich weiß es nicht …

Und obendrauf: Kind Gottes

Ach ja, und dann kommen ja noch die sogenannten geistlichen Fragen dazu. Ich bin Christ, das heißt, ich glaube daran, dass es einen Schöpfer gibt, der mich in eine persönliche Beziehung zu ihm einlädt. Die Bibel ist für mich sein Liebesbrief, in dem er mir ein Bild davon malt, wie er ist, was er für mich bereithält und wie er sich das Leben mit mir vorstellt. Und so höre ich weitere Fragen (wahlweise laut oder leise gestellt von meinem Gewissen, anderen Christen, Büchern oder Predigten), wie: »Bist du ein guter Christ?«, »Lebst du so, wie Gott es von dir will?«, »Was wird man am Grab über dich und dein Leben sagen, und ist es das, was du von deinem Leben erwartet hast oder das, was Gott von dir und deinem Leben erwartet hat?« Hier wird die Luft dann so richtig dünn. Denn hier kommt neben der Suche nach den richtigen und klaren Antworten noch der Anspruch, demütig, bibelkonform, veränderungswillig und annähernd heilig zu sein.

Der Fragen- und Identitätsdruck wird an dieser Stelle also einerseits noch gesteigert, andererseits gibt es aber auch eine Art ungeschriebenes Hab-die-Antwort-Gesetz. Denn unter Christen ist es weitverbreitete Überzeugung, dass wir eigentlich die richtigen Antworten auf diese existentiellen Lebensfragen wüssten. Im Groben stimmt das vielleicht auch. Diese lauten in etwa so: Ich bin von Gott geschaffen. Von ihm geliebt. Ich darf ihn meinen Vater nennen, weil ich mein Leben ganz bewusst in seine Hand gelegt habe. Weil ich anerkannt habe, dass in meinem Leben Schuld ist, die nur Jesus mir vergeben kann und dass er mir durch diese Vergebung neues Leben schenkt. Diese Tatsache definiert mich neu, macht mich zu einem neuen Menschen. Sie stellt mich in eine neue Freiheit, verheißt mir Leben in Ewigkeit mit und bei Gott und gibt mir zugleich auch eine Bestimmung und einen Auftrag in dieser Welt: nämlich diese gute Nachricht von einem möglichen Leben mit Gott an andere weiterzugeben und sie zu diesem Leben einzuladen. (Deshalb auch meine Berufsbezeichnung »Evangelistin« – also Verkündigerin der Guten Nachricht, die ich bei meinen Vorträgen auf den Frauenveranstaltungen mal mehr und mal weniger vollmundig proklamiere). Nicht weniger große Antworten auf diese großen Fragen.

Wenn ich aber ganz ehrlich bin, komme ich mit diesen durchaus richtigen und wichtigen und guten Antworten dennoch an meine Grenzen. Nämlich dann, wenn ich sie in kleine Stückchen schneide, um sie in mein Leben und in meinen Alltag einzupassen. Was bedeutet es denn, dass ich ein errettetes Gotteskind bin, wenn mich die Frage plagt, ob ich in meinem Job etwas verändern soll? Welchen Einfluss hat Gottes Vergebung meiner Schuld auf die Tatsache, dass ich unzufrieden mit meinem Gewicht, meiner Figur oder meinem Fernsehkonsum bin? Und kann die Tatsache, dass ich Gottes Botschafterin in dieser Welt bin, etwas daran ändern, dass ich oft ungeduldig auf meine Kinder reagiere? Vielleicht ist es unfair, zu beklagen, dass sich zwischen diesen Themenblöcken keine Zusammenhänge herstellen lassen, aber ich möchte damit nur zum Ausdruck bringen: Die richtigen theoretischen Antworten und Fakten scheinen die zugegeben oftmals sicher kleinkarierten, aber dennoch realen Fragen meines Alltags einfach zu sprengen. Da scheint nichts ineinanderzugreifen. Es kommt mir vor, als suche ich nach praktischen Hausmittelchen und bekomme stattdessen eine Enzyklopädie auf Chinesisch angeboten (wobei durchaus möglich ist, dass mir die Hausmittelchen kein bisschen weiterhelfen würden und in der chinesischen Enzyklopädie die wahre Weisheit verborgen liegt – aber eben leider so verborgen, dass es mir schier unmöglich erscheint, sie für mein Leben nutzbar zu machen).

Fakt ist: Um wirklich zufrieden sein oder Ruhe finden oder sinnvoll leben zu können oder wie auch immer man es nennen möchte, sollten mehr Fragen geklärt als offen sein. Denn hierbei geht's ja nicht um die Lieblingsmarmelade oder den neusten Sommertrend …

Auch wenn Sie das Buch erst vor wenigen Minuten zu lesen begonnen haben, möchte ich Sie kurz unterbrechen. Weil es bei einem Buch über Identität ja sinnvollerweise mehr um Sie als um mich gehen soll, werde ich Sie immer wieder herausfordern, Gedanken bewusst auf sich selbst zu beziehen, an der äußeren Hülle zu kratzen, ständig Gelebtes einmal in Worte zu fassen und zu hinterfragen und eventuell erste Schritte in Richtung Veränderung einzuleiten. Stellen Sie sich deshalb doch an dieser Stelle einmal vor, wir – also Sie und ich – würden uns begegnen. Aus irgendeinem Grund trinken wir einen Kaffee zusammen und haben ein bisschen Zeit. Nun stelle ich Ihnen diese einfach und zugleich schwere Frage: »Und was machen Sie so, wenn Sie nicht grade mit mir einen Kaffee trinken?« Was antworten Sie? Fällt es Ihnen leicht, das, was Ihr Leben ausmacht, in wenige Worte zu fassen?

Anders als bisher

Kommen wir noch mal zurück an den kleinen Tisch unterm Dach in London. Nicht ganz greifbar und dennoch real formiert sich ein Gedanke in meinem Kopf: Hier stimmt doch was nicht! Es muss sich etwas ändern …

Wie gerne hätte ich eine allzeit wundervolle Familie, einen durchweg wundervollen Job, ausschließlich wundervolle Hobbys. Dann wäre jede Vorstellungsrunde ein Fest und mein Leben ein Genuss. Aber das ist nur die Oberfläche. Der Wunsch, wundervoll zu sein, geht in Wahrheit viel tiefer. Was wäre wirklich wundervoll? Eine so hübsche und adrette Familie abzugeben, dass man uns im Katalog abbilden könnte? Einen Job zu haben, dessen Titel sowohl die Stufe auf der Karriereleiter als auch das Gehalt erahnen lässt? Und ein Hobby, für das man mich beneidet, weil es Sportlichkeit, Kreativität und Genialität miteinander kombiniert?

Nein.

Nichts davon ist an sich schlecht, aber meine Vorstellung von einem erfüllten und wertvollen Leben beschreibt etwas völlig anderes. Ich sehne mich danach, im Frieden mit mir selbst zu sein, mit meinen Stärken und Schwächen, mit meinen Grenzen, mit meinen Eigenarten, mit meinem Wesen, mit meinem unverwechselbaren Ich.

Ich sehne mich danach, einen Glauben zu leben, der echt und ehrlich ist, leidenschaftlich und lebendig, großzügig und gut, ansteckend und außergewöhnlich. Ich sehne mich danach, in guten Beziehungen anzukommen, wo ich geliebt werde und bedingungslos angenommen bin – und dasselbe auch verschenken kann. Ich sehne mich danach, Tätigkeiten auszuüben, die mich erfüllen und mein Potenzial entfalten. Ich sehne mich danach, dass meine Gemeinschaft anderen Raum gibt, um sich auszuruhen, inspiriert zu werden, Kraft und Mut zu schöpfen und zum Positiven verändert weiterzugehen. Das wäre wirklich wundervoll.

Ich sehne mich danach, im Frieden mit mir selbst zu sein,
mit meinen Stärken und Schwächen, mit meinen Grenzen,
mit meinen Eigenarten, mit meinem Wesen,
mit meinem unverwechselbaren Ich.

Halten Sie doch noch einmal kurz inne:

- ♔ Was ist in Ihren Augen wundervoll?
- ♔ Welche Eigenschaften, Errungenschaften,
  Lebensträume, Betätigungsfelder und Ziele
  sind es wirklich wert, dass Sie Ihre Kraft,
  Ihre Zeit und vielleicht auch Ihr Geld für ihr
  Erreichen investieren?
- ♔ Was davon ist bereits in Ihrem Leben vorhanden?
  Und warum anderes nicht?

Wir sind nicht ohne Grund nach London gekommen. An den folgenden drei Tagen wollen wir an einer internationalen christlichen Konferenz teilnehmen, weil wir uns neue Inspiration, gute Gedanken, eine Begegnung mit Gott wünschen. Gleich bei der Eröffnungsveranstaltung werde ich voll erwischt. Zwar etwas leiser, aber nach wie vor sehr real, ist der Satz »Es muss sich etwas ändern« in meinen Gedanken. Hinzugesellt haben sich mutige Ideen, wie: »Du musst deinen Job – für eine Weile – aufgeben, vielleicht ein Sabbatjahr einlegen.« und »Tue nur noch, wozu Gott dich berufen hat. Nur dann wirst du deine wahre Identität finden und deine Bestimmung leben!«. Des Weiteren haben sich aber auch arge Zweifel breitgemacht, wie »Wer bin ich, dass ich meine, mein Leben müsste mir in allen Bereichen Spaß machen? Unsere Verantwortungen sind zu groß, als dass ich mich einfach auf die Suche nach meiner eigenen Identität und ihrer Entfaltung machen könnte. Das Leben ist kein fröhliches Experimentieren. Halte an dem fest, was du hast und was dir sicher ist. Neue Wege sind immer unsicher und risikoreich – warum solltest du Gott versuchen?«

Dann betritt der Redner die Bühne. Seine Predigt schließt sich an ein Lied an, in dem es heißt:

Du rufst mich raus aufs weite Wasser,
wo Füße nicht mehr sicher stehn.
Dort finde ich Dich im Verborgnen,
mein Glaube trägt im tiefen Meer. (…)
Führ mich dorthin, wo ich unbegrenzt vertraue
Lass mich auf dem Wasser laufen
Wo immer Du mich hinführst.[1]

In der Predigt geht es um Petrus. Er ist aus dem Boot ausgestiegen. Hinaus auf die Wellen. In das große Ungewisse. Raus aus dem Bekannten. Dem Sicheren. Dem Vertrauten. Hinein in das Leben mit Gott. Ohne Netz und doppelten Boden. Mit der Möglichkeit zu sinken. Aber gleichzeitig mit der Gewissheit von Gottes rettender Hand in jedem Moment. Und dem beflügelnden Ziel vor Augen, seine wahre Größe, seine Berufung, sein Herz zu entfalten!

Ich schaue mich verstohlen um. Ist hier irgendwo eine versteckte Kamera? Woher kennt der Prediger die Gedanken, die seit dem WG-Gespräch in mir wabern? Die nagenden Fragen? Die Sehnsucht nach Klarheit? Die Suche nach meiner Identität und dem Wissen, worauf es wirklich ankommt? Den Respekt vor den Wellen? Die Angst vor dem Ungewissen? Die Hoffnung auf tragfeste Antworten?

Und mitten in diese Gedankenachterbahn platziert sich plötzlich noch ein ganz neues, eigenes Bild hinein – ein Bild von einem Tisch mit vielen, guten und weniger guten, Dingen darauf und besonderen Gästen daran. Und mit diesem Bild beginnt Gott selbst mir eine Idee davon zu geben, wie er die Sache mit der Identität sieht, worauf es wirklich ankommt und was passieren darf, damit der Wunsch nach einem Leben voller Sinn und Bedeutung nicht länger Wunschtraum bleibt …

Kapitel 2

Aufgaben, Rollen, Erwartungen –
Und was davon bin eigentlich ich?

Das Große ist nicht, dies oder das zu sein,
sondern man selbst zu sein.
SØREN KIERKEGAARD

Was ist das also für ein »Bild«, für ein Vergleich, den Gott mir da in Bezug auf mein Leben, mein Handeln und meine Identität bewusst gemacht hat? Ich möchte es Ihnen gerne Stück für Stück erzählen …

Mitten im Raum steht ein Tisch. Ein Esstisch. Er ist gedeckt mit vielerlei Dingen. Es gibt viel Gutes darauf, aber das eine will nicht so recht zum anderen passen. Die Tasse Kaffee steht neben den Frikadellen, dazwischen ein Teller mit Pfannkuchen und ein Raclette-Grill. Auch gibt es Teller und Gläser, die bereits gebraucht, aber schon leer sind. Neben all diesen Speisen liegt auch noch eine Menge Krimskrams herum: Zeitschriften, ein Zettel, auf dem ich eine Unterschrift leisten muss, ein Schraubenzieher, ein USB-Stick, eine Vase mit fast verwelkten Blumen. Ich mag die Sachen auf dem Tisch, aber weder wird aus den Lebensmitteln ein ordentliches Menü, noch kehrt durch die Gegenstände Gemütlichkeit oder Atmosphäre ein. Ich frage mich, wo all die Dinge herkommen, und mir wird klar, dass sowohl ich vieles auf den Tisch gestellt habe, als auch dass andere immer wieder dies und das gedeckt oder abgelegt haben – in dem vermeintlichen Wissen, was mir schmeckt oder guttut. Das alles führt dazu, dass das Chaos auf meinem Tisch immer undurchsichtiger wird, weil ich kaum in der Lage bin, eine Struktur zu entdecken, geschweige denn eine Menü-Folge, weil mir die Orientierung und Entscheidungskraft fehlt, etwas abzudecken und ich sogar dabei bin, meinen eigenen »Geschmack« zu verlieren.

Können Sie den Tisch »sehen«? Zugegeben: In unserem Haushalt mit drei Kindern gehört ein solcher Tisch zum täglichen Erscheinungsbild des Esszimmers. Aber er ist mir eben ein Bild für mehr geworden.

Mein Leben und ich

Mein Leben ist sehr voll und ich kann auch eine große Portion Chaos nicht leugnen.

Die Frage »Wer bist du?« wird in unserer Kultur sehr seltsam beantwortet. Denn wir definieren uns eigentlich nur über die Menschen, die es in unserem Leben gibt (ich bin Ehefrau, weil es da einen Mann gibt, ich bin Mutter, weil ich Kinder habe …) und sagen dann noch dazu, was wir tun (auf der Arbeit, in der Freizeit …). Das Ausschlaggebende scheinen also unsere Rollen zu sein. Und davon gibt es unglaublich viele, die wir nach und nach angenommen haben oder die uns zugetragen wurden.

Hier mal ein Auszug aus meiner Vorstellungsrede: Ich bin Frau. Ich bin Ehefrau. Ich bin Tochter. Ich bin Schwiegertochter. Ich bin Mutter. Ich bin Arbeitnehmerin. Ich bin Freundin. Ich bin Kind Gottes. Ich bin Gemeindemitglied. Ich bin Hauskreismitglied. Ich bin Leiterin der Frauenarbeit unserer Gemeinde. Ich bin Mentorin. Ich bin Mitglied im Elternausschuss des Kindergartens.

All diese Rollen sind natürlich mit einer Menge Erwartungen verbunden (wobei erst einmal dahin gestellt sei, von wem diese Erwartungen kommen). Ich muss Termine einhalten, Predigten schreiben, Fahrdienste übernehmen, den Haushalt schmeißen, auf meine Figur achten, (Kinder-)Geburtstage ausrichten, freundlich sein, mich bei anderen melden, den Gottesdienst besuchen, zuverlässig sein, mitdenken … Auch diese Liste ließe sich wahrscheinlich seitenweise verlängern.

Viele dieser Rollen lassen sich nicht ganz leicht unter einen Hut bringen oder stehen in Konkurrenz zueinander. Mein Mann wünscht sich von seiner Ehefrau ein leckeres Mittagessen und eine gute Idee, was wir am Wochenende machen. Der Hauskreis fände es auch schön, wenn es am Abend eine Kleinigkeit zu Essen gäbe. Und eine Idee, mit welchem Thema wir uns in den nächsten Wochen beschäftigen wollen, darf ich auch gerne beisteuern. Als Mutter werde ich zu Hause gebraucht, als Evangelistin an diversen anderen Orten in Deutschland. Das Gemeindemitglied in mir wird im Kindergottesdienst gebraucht, das Mitglied im Elternausschuss auf dem Kindergartensommerfest. Die einen hätten mich gerne innovativ und spritzig, aber als Mentorin wäre die Fähigkeit des ruhigen Zuhörens und des Gebens weiser Ratschläge auch nicht verkehrt.

Über diese Rollen hinaus gibt es noch eine Menge Wünsche und Leidenschaften, Träume und Pläne, die mich ausmachen. Ich würde gerne mal nach New York reisen. Es würde mich reizen, einen Marathon zu laufen. In meinem Kopf gibt es verrückte Pläne davon, ein Café oder eine Hochzeitsagentur zu gründen. Neulich kam mir der Gedanke, einen Blog zu schreiben. Ich bin früher geritten, doch heute fehlt dazu leider die Zeit. Es gäbe so viel, was man ausprobieren könnte oder was einfach (noch mal) schön wäre zu tun … Und manchmal sehne ich mich auch einfach nur danach, an einem freien Nachmittag einen leckeren Kaffee zu trinken und ein gutes Buch zu lesen. Denn da gibt es auch noch ein Eckchen in meinem Herzen, das sich nach Gelassenheit sehnt. Einfach mal der festen Überzeugung sein, dass alles gerade gut ist, so wie es ist. Dass anderes kommen wird – aber eben nicht jetzt, weil es jetzt noch nicht dran ist. Dass Durchatmen das Einzige ist, was man im Moment von mir verlangt. Denn auch unter meinen Wünschen ergibt sich wieder eine gewisse Konkurrenz, die an mir zieht und zerrt und vielem eine gewisse Angespanntheit verleiht. Ich kann nicht Mutter von kleinen Kindern sein, wenn ich ein Unternehmen gründen möchte. Und als Berufstätige ist es schwierig, parallel auch noch einen kreativen und inspirierenden Blog zu verfassen.

Wenn wir jetzt die Wünsche, Träume und Pläne mit den verschiedenen Rollen in einen Topf werfen und kräftig darin herumrühren, wird das Chaos komplett und die Verwirrung reicht der Verzweiflung die rechte und der Resignation die linke Hand. Wie soll ich all das schaffen? Wem soll ich eigentlich noch gerecht werden? Und über allem: Was von alledem bin eigentlich wirklich *ich?* Was macht *mich* aus – mein Wesen, mein Herz, mein eigentliches Sein? Bin ich nicht mehr als Rollen, die dazugehörigen Erwartungen und ein paar unerfüllte Wünsche?

So schlimm ist es gar nicht

Bis hierher klingt vieles sehr negativ. Soll es aber gar nicht. Denn ganz viele meiner Rollen – annähernd alle – bereichern mich, machen mir Spaß und sind die Erfüllung dessen, was ich mir immer gewünscht habe. (OK, ob mir in der Phase des Wünschens immer ganz klar war, was ich mir da wirklich wünsche und ob Traum und Realität übereinstimmen, steht noch mal auf einem anderen Blatt.)

Rollen zu haben, ist normal. Schon bei meiner Geburt bekomme ich die erste Rolle, denn ich bin sofort Sohn oder Tochter, was auf mein zukünftiges Leben großen Einfluss haben wird. Wenn ich im Laufe meines Lebens dann immer mehr oder immer andere Rollen annehme, ist auch das eine gute Sache. Denn eine Rolle hilft mir dabei zu wissen, was ich tun darf (oder auch nicht) und was ich tun muss (oder auch nicht). Durch Rollen finde ich meinen

Platz in der Gesellschaft und im Leben. Ich kann mir meine Rolle auch wie eine Grenze vorstellen, die mich aber zunächst nicht einschränken will, sondern das »Land« umgibt, in dem ich mich frei bewegen kann. Dieses Hineinwachsen in Rollen erlebe ich bei meinen Kindern ganz intensiv mit. Unsere achtjährige Tochter genießt einerseits ihre Rolle als älteste Tochter und die damit verbundenen Privilegien, zum anderen reibt sie sich auch an den Grenzen der Rolle, wenn sie ihren etwas jüngeren Bruder herumkommandiert und zu erziehen versucht und damit ihre Kompetenzen weit überschreitet. Dennoch ist es unglaublich wichtig für sie zu lernen, dass manches durchaus erlaubt ist, anderes aber eben nicht.

Auch die verschiedenen Träume, Pläne und Wünsche, die in uns schlummern, sind richtig und wichtig. Sie arbeiten wie ein Motor in uns, der uns antreibt und motiviert, nach vorne zu schauen und neue Wege zu gehen. Auch wenn manche Träume völlig utopisch sind, so ist es doch keineswegs Zeitverschwendung, sie zu träumen. Ganz im Gegenteil! Vor einigen Jahren unterhielt ich mich mit meinem Mann über unser Leben und unsere Art, es zu gestalten. Wir fragten uns, ob wir nicht viel zu viel machen und ob die ganzen unerfüllten Wünsche und verrückten Ideen in uns drin uns nicht eigentlich nur unzufrieden machen. Dabei stellten wir fest, dass wir eher Menschen des Los- oder Weitergehens sind, nicht des Ankommens. Wenn wir einen Raum einrichten, haben wir schon bald Bilder im Kopf, wie wir ihn noch mal umdekorieren könnten. In unseren Gedanken haben wir auch schon die verschiedensten Firmen gegründet, Kinderbücher geschrieben oder Gegenstände erfunden. Es tut uns einfach gut, rumzuspinnen und zu prüfen, was das Leben noch so zu bieten hat. Dies ist für uns der Weg, unsere Gaben und Talente zu fordern und zu fördern …

Und Sie so?

Natürlich ist jeder Mensch anders gestrickt. Vielleicht haben Sie sich in meinen Beschreibungen oben wiedergefunden? Vielleicht haben Sie auch die Hände über dem Kopf zusammengeschlagen und gedacht: »So könnte ich niemals sein!« An dieser Stelle wäre es hilfreich, das Buch wieder für eine Weile wegzulegen, zu Stift und Papier zu greifen und einmal aufzuschreiben, was Sie ausmacht.

- Welche Rollen haben Sie inne? Welche Anforderungen und Erwartungen sind mit diesen verbunden?
- Welche Träume und Wünsche schlummern in Ihnen? Und welche Pläne haben Sie für die Zukunft?

Nehmen Sie doch noch einmal Ihre Notizen aus dem ersten Kapitel zur Hand und lesen Sie diese und die soeben geschriebenen noch einmal durch. Ein bunter Strauß aus Rollen, Tätigkeiten, Leidenschaften, Alltäglichkeiten, Sehnsüchten, Erwartungen, Herausforderungen, Abenteuern und Anliegen.

Sehen Sie darin Ihr Leben und können Sie ohne Zweifel und Bedenken sagen: »Ja, genau das ist es und das soll es bleiben! Einfach wundervoll!«? Dann kann ich Ihnen nur von ganzem Herzen gratulieren, denn Sie haben allen Grund, sich zu freuen, und es sollte Ihnen ein Leichtes sein, morgens voller Vorfreude auf den neuen Tag die Beine aus dem Bett zu schwingen!

Vielleicht erging es Ihnen aber auch ein bisschen wie mir in der WG in London, und es beschlich Sie ein etwas befremdliches Gefühl. Kamen Ihnen Gedanken wie »Uiuiui, das ist aber eine ganze Menge – und es erstaunt mich, was mit der Zeit scheinbar von ganz alleine aus mir geworden ist!« oder »Es gibt ja vieles, was ich gerne bin und tue – aber mindestens genau so viel entspricht mir eigentlich überhaupt nicht …«? Dann können wir uns die Hand reichen! Und ich glaube, unser Kreis der Gleichfühlenden wird ganz schön groß.

Ich werde überrollt

Kommen wir noch mal zurück an den Tisch vom Anfang, auf dem ein so großes Durcheinander herrscht. Die Zusammenhangslosigkeit der Speisen, das Chaos der Gegenstände und die damit verbundene Unkenntlichkeit des Menüs und die Ungemütlichkeit kann ich ganz klar in meinem Leben wiederfinden. Die einzelnen Dinge, die ich tue oder die mich ausmachen oder die andere von mir erwarten, sind in der Regel erst einmal überhaupt nicht schlecht (natürlich können in besonderen Fällen auch »Dinge« auf dem »Tisch« liegen, die zerstörerisch wirken oder krank machen, aber darum soll es hier nicht vorrangig gehen). Nur ergeben sie in der Summe keinen roten Faden. Sie spiegeln kein einladendes Leben wieder. Anstatt zu sättigen und zu erfüllen, zerren sie an uns, werfen uns hin und her und lassen uns am Ende aber ziellos und kraftlos zurück.

Schon häufig habe ich – sei es in Büchern, in Gesprächen oder in Predigten – gehört, dass wir mehr sind als unsere Rollen. Dass unser Wesen tiefer liegt. Dass unsere Bestimmung eine größere ist. Dem stimme ich einerseits zu. Andererseits erscheinen mir diese Aussagen wieder einmal aus besagter chinesischer Enzyklopädie zu stammen. Denn was bedeutet das? Was verändert das? Ich möchte versuchen, diese wertvolle Weisheit etwas kleiner zu machen, damit sie in unser alltägliches Leben hineinpasst.

Wir haben schon festgestellt, dass Rollen etwas Normales und etwas Gutes sind. Es wird uns nicht gelingen, uns vollständig von ihnen frei zu machen, und das brauchen wir auch gar nicht. Demnach ist es auch müßig, sich vorzustellen, wer wir wären, wenn wir keine Rollen hätten (denn selbst »einsamer Steppenwolf« ist irgendwie eine Rolle). Spannender ist aber die Frage:

Für welche Rollen habe ich mich selbst entschieden, welche wurden mir übergestülpt?

Und noch einen Schritt weiter führen diese Fragen:

- Wie fülle ich meine Rollen aus?
- Welche Erwartungen habe ich an mich und welche Ansprüche haben andere an mein Verhalten?
- Was muss ich wirklich tun, wie muss ich wirklich sein – und was meine ich nur, müsste ich?

Auch diese Fragen werden verschiedene Menschen ganz unterschiedlich beantworten. Bei mir ist es so, dass ich von meiner Persönlichkeit her initiativ bin, etwas dominant und sehr gewissenhaft (okay, perfektionistisch trifft es wohl noch besser ...). Dies führt dazu, dass ich mich ständig in Ansprüchen verstricke. Ich höre dauernd imaginäre Stimmen in meinem Kopf, die mir sagen, wie ich als Inhaberin dieser oder jener Rolle zu sein habe und was ich doch bestimmt tun müsste. Dazu habe ich selbst tausend Ideen, wie ich meine Rolle noch besser ausfüllen, vielleicht sogar über meine Rolle hinauswachsen könnte. Ich möchte andere nicht enttäuschen, ja, ihnen lieber gefallen, wenn nicht sogar sie überraschen. Mein Haus ist sauber, weil ich eine perfekte Hausfrau sein will. Zu einer Sitzung auf der Arbeit komme ich vorbereitet und mit bereits ausgearbeiteten Ideen. Im Elternausschuss melde ich mich zu diversen Aufgaben, auch wenn ich eigentlich nicht will oder mir die Zeit fehlt. Bei Freunden und Bekannten versuche ich mich regelmäßig zu melden. Für meine Kinder versuche ich jegliche Hobbys und Verabredungen möglich zu machen. Ich versuche immer das zu sein, was ich glaube, dass man von mir möchte.

Erschwerend kommt hinzu, dass ich Christ bin. Also, zunächst einmal ist das natürlich wunderbar – und das meine ich von ganzem Herzen. Gott hat mich davon befreit, einmal selbst den Preis für meine Fehler, meinen Egoismus und meine Selbstgerechtigkeit bezahlen zu müssen. Ich darf mich »Erlöste« nennen – und habe also allen Grund zum Entspannen! Aber es stehen auch Dinge in der Bibel, die meinen Perfektionismus-Nerv mit voller Breitseite treffen. Da wäre zum Beispiel: »Ihr sollt heilig sein, weil ich heilig bin!« Sie ahnen, was ein solcher Satz mit mir macht … Auch, wenn ich eigentlich weiß, dass es darum nicht wirklich geht, so fülle ich diesen Anspruch oft mit völlig platten Dingen wie regelmäßig in der Bibel zu lesen, brav in den Gottesdienst zu gehen, mindestens einmal am Tag ordentlich zu beten, ehrlich zu sein, freundlich und nett, mitfühlend, geduldig, demütig … Diese Dinge sind keineswegs falsch! Aber hier geht es nicht darum, Häkchen auf einer imaginären Liste machen zu können, um der Rolle »Christ« möglichst umfassend gerecht zu werden.

Außerdem geht es noch weiter, denn in der Bibel steht ebenfalls: »Werdet wie die Kinder …«. So kommt zum Heiligsein für mich noch hinzu, kindlich zu glauben und zu vertrauen, Dinge wörtlich zu nehmen und sie einfach zu halten. Und damit wird es eigentlich nur noch komplizierter. Glaube wird zum Krampf. Und mitten in diese Seelenverrenkung treffen Bücher, Zitate und Predigten aus dem meist eher amerikanisch angehauchten Lager, die mich fragen, ob ich denn nicht weiß, wie schön ich bin? Und dass ich eine wundervolle Königin bin? Und dass ich in Gottes Nähe aufblühen und mich erheben kann wie Phönix aus der Asche? Und dass das Leben mit ihm so viel more und great und awesome und far beyond und colourful und sowieso und überhaupt ist? Und damit treffen sie meine Sehnsucht tatsächlich zu 100 Prozent, lassen mich aber gleichzeitig völlig desillusioniert zurück. Weil mir die

Diskrepanz zwischen dem, was sein sollte und könnte und dem, was tatsächlich ist, so unfassbar unschaffbar erscheint wie eine Mondfahrt im Ruderboot.

Ich tue so vieles, weil ich glaube, dass ich es tun muss. Dass es dazugehört. Dass es von mir erwartet wird. Der Genuss ist mir abhandengekommen und ich schlucke willenlos alles, was mir vorgesetzt wird. Ich habe meinen Geschmack verloren und – übertragen auf mein Leben – das Gefühl für mich selbst. Ich habe Rollen, gute Rollen. Rollen, die mich erfüllen. Aber ich bin ihr Sklave geworden. Ich habe aufgehört, eine Persönlichkeit zu sein und meine Rollen aktiv zu wählen und zu gestalten. Stattdessen bestimmen sie über mich.

Wer ich bin und was man davon sieht

Ich vermute: Was Sie gerade über mich lesen, würden Sie so erst mal gar nicht denken, wenn Sie mich persönlich kennenlernten. Denn zum einen ist mir der Druck, den ich mir selber mache oder den ich andere auf mich ausüben lasse, gar nicht ständig bewusst. Man gewöhnt sich an sehr vieles! Und zum anderen habe ich auch gelernt, über eine Menge schlechten »Geschmack« hinwegzulächeln. Wenn wir verabredet wären, würden Sie mich natürlich nicht mit Putzlappen in der Hand und klagenden Worten über den Haushalt auf den Lippen antreffen. Ich hätte den Staubsauger kurz vor Ihrem Eintreffen noch weggeräumt, mir die Hände gewaschen und würde Ihnen lächelnd die Tür öffnen – nicht, um Sie bewusst zu täuschen, sondern weil ich mich zum einen wirklich von Herzen über Ihren Besuch freuen würde, aber auch, weil ich zum anderen meiner Rolle als gute Hausfrau oder freundliche Gastgeberin möglichst umfassend gerecht werden möchte.

Daran ist vielleicht gar nicht so viel falsch. Aber es macht etwas damit, *wie* ich die Dinge tue. Weil ich bei so vielem meine, dass ich es tun müsste (aber es im Herzen vielleicht gar nicht will oder es zumindest als nicht so wichtig erachte), verliere ich die Freude. Ich brummle beim Wäschemachen vor mich hin, ich ärgere mich über Kollegen, die nicht vorbereitet zur Sitzung kommen und ich tue mir selbst unendlich leid, weil ich ja so viel zu tun und so wenig Freiraum habe.

Dieser Unmut über so vieles zerfrisst. Zuerst nagt er an dem, was ich tue. Doch nach und nach wird mein Wesen, mein Charakter angegriffen. Meistens gärt dieser Zersetzungsprozess, zumindest für eine Weile, ganz leise und heimlich in mir, im Verborgenen. Aber dann explodiert plötzlich hier und da eine Bombe, ausgelöst durch eine Kleinigkeit, und wirkt sehr zerstörerisch auf mich und alle weiteren Menschen, die sich in der Nähe des Tisches befinden. Ich motze meine Kinder an, ohne dass sie wirklich etwas falsch gemacht hätten. Ich überschütte meinen Mann mit Klagen über mein ungerechtes Leben, ohne dass irgendetwas passiert wäre. Ich schreibe eine scharfe Antwort-Mail, obwohl ich nur eine kleine Frage gestellt bekommen habe. Und hinterher stehe ich da und frage mich, wie das passieren konnte. Weil ich doch sonst nicht so bin. Weil ich dachte, dass ich sogar ganz anders bin. Und dann wiederum frage ich mich, ob ich nicht vielleicht doch eigentlich viel mehr so bin. Und ob ich überhaupt noch weiß, wer ich wirklich bin. Und wann ich das letzte Mal so richtig *ich* war. Fröhlich. Ungezwungen. Ausgeglichen. Entspannt. Ausgelassen.

Kennen Sie das? Finden Sie sich wieder?

Weiterkauen oder innehalten?

Wir haben nun zwei Möglichkeiten. Entweder, wir machen weiter wie bisher. Kauen, was uns vorgesetzt wird und werden wahrscheinlich trotz mancher Geschmacklosigkeit mehr oder weniger gesättigt. Ich fürchte, dies ist die öfter gewählte Variante. Auf jeden Fall ist es erst mal die bequemere Variante. Schließlich geht es uns ja auch nicht schlecht. Das Leben läuft, wir tun viele (sicher durchaus auch gute) Dinge und entsprechen den wirklichen oder vermeintlichen Erwartungen. Ob unser Leben auf diese Weise erfüllend wird, ist aber eine ganz andere Frage.

Oder aber, wir machen nicht einfach weiter. Schlucken den letzten Bissen und schieben aber nicht gleich den nächsten hinterher. Diese Variante ist ganz sicher die ungemütlichere. Und auch die unsicherere. Denn wir werden wahrscheinlich hier und da anecken. Müssen genauer hinschauen, auch unter die Oberfläche. Werden viele und unbequeme Fragen beantworten müssen. Werden mit gut verborgenen wunden Punkten in Berührung kommen. Aber kriegen nur so die Chance, Ordnung in das Chaos auf dem Tisch zu bekommen und Zugang zu einem Leben, das zu uns passt und das Gott sich eigentlich für uns gedacht hat.

Und weil es bei einer Suche immer von Vorteil ist, vorne anzufangen und erst einmal die grundlegenden Fakten zu klären, kommen wir zwangsläufig zu der von mir gerne gemiedenen und doch so zentralen Frage aller Fragen: Wer bin ich? Nicht: Was tue ich? Oder wer wäre ich gerne? Oder wen hätten die anderen gerne? Nein, wer bin *ich*? Eine gute Frage, durchaus. Trotzdem mag ich sie nicht. Ich habe sogar Angst vor ihr oder vielmehr vor ihrer Antwort.

Weil ich fürchte, dass ich feststellen muss, dass neben den ganzen Rollen, Erwartungen, unerfüllten Wünschen und gehegten Träumen nicht mehr viel übrig bleibt. Dass ich viel von meiner ursprünglichen Bestimmung eingebüßt habe. Aber dass mir die Zeit, die Kraft, der Mut oder die Ideen fehlen, meinem Ich, meiner Identität wieder neu zu begegnen und ihr die Freiheit zu geben, sich zu entfalten. Gleichzeitig weiß ich, dass es billiger nicht geht. Und genauso weiß ich, dass ich ohne diese Reise weit unter meinen Möglichkeiten leben werde. Die vielen vielversprechenden Bilder der Bibel, die dort für einen Menschen nach Gottes Herzen und in der Spur seiner Berufung gebraucht werden – zum Beispiel ein Baum, ein Fels oder ein Adler – werden sonst nichts als leere Vergleiche bleiben und mit meinem Leben herzlich wenig zu tun haben. Aber das will ich nicht! Und ich mache Ihnen Mut, sich ebenso wenig mit weniger als dem Besten zufriedenzugeben!

Den anschauen, der uns anschaut

Mein Sohn ist sechs Jahre alt und zählt zu den kreativsten Lego-Baumeistern, die ich kenne. Sein Berufswunsch ist schon heute »Indschör« (Übersetzung: »Ingenieur«). Er erfindet jeden Tag die coolsten Dinge und baut sie nach seinen Vorstellungen. Allerdings geben seine Bauwerke reichlich Raum für Spekulation, und da seine Konstruktionen wirklich innovativ sind, tut man gut daran, ihn nach ihrer Bestimmung zu befragen. Sonst kann es schon mal sein, dass man ein Teil für ein gewöhnliches, etwas unpraktisch aussehendes Auto hält, obwohl es doch ein Schneepflug sein soll, der vorne den Schnee einsaugt, in sich reinigt und hinten wieder sauber ausspuckt, damit die Kinder ihn beim Spielen unbeschadet essen können. (Das war eine seiner Erfindungen im letzten Winter! Manchmal beschleichen mich Zweifel, dass so viel Genialität wirklich von mir abstammen kann …)

Auch wir sind geniale Erfindungen, Innovationen, Unikate. Es reicht nicht, dass wir uns anschauen und grob abschätzen, was wir wohl sein könnten und wozu wir bestimmt sind.

Auch andere Menschen anzuschauen und von ihnen Rückschlüsse auf unser Leben zu ziehen, ist nicht genug – dafür sind wir viel zu individuell erdacht. Auf diese Weise werden wir so viel verpassen! Das einzig Sinnvolle ist, mit dem ins Gespräch zu kommen, der uns konstruiert und ins Leben gerufen hat. Nur er kann sagen, was wir sein sollen. Weswegen er uns wie gemacht hat. Wo der Platz ist, an dem wir zur vollen Entfaltung kommen. Er kennt uns durch und durch.

Es reicht nicht, dass wir uns anschauen und grob abschätzen, was wir wohl sein könnten und wozu wir bestimmt sind.

Wenn wir nun also Gott fragen, wer wir sind und warum es uns gibt, so stoßen wir in der Bibel gleich am Anfang auf eine erste Antwort: »Wir wollen Menschen schaffen nach unserem Bild, die uns ähnlich sind. Sie sollen über die Fische im Meer, die Vögel am Himmel, über alles Vieh, die wilden Tiere und über alle Kriechtiere herrschen« (1. Mose 1,26). In der Übersetzung Luthers wird hier das Wort »Ebenbild« verwendet. Ich las einmal eine Geschichte, die Kindern verdeutlichen sollte, was dieses Wort bedeutet. Darin ging Gott, als er den ersten Menschen erschuf, immer wieder hinter eine Tür, kam wieder hervor, gestaltete den Menschen weiter, verschwand wieder hinter der Tür, gestaltete wieder und so weiter. Die Engel wunderten sich, warum Gott so handelte und was wohl hinter der Tür sei. Und als ein kleiner, ganz neugieriger Engel einen Blick hinter eben diese Tür warf, entdeckte er dort einen großen Spiegel. Ich mag diese Vorstellung, auch wenn es mir schwerfällt, sie ganz konkret für mich zu glauben. Aber es ist die Wahrheit! Gott hat mich sich ähnlich gemacht. Ein Stück seiner selbst kann man in mir finden. Ich bin kein Zufall, noch viel weniger ein Unfall, und ich trage das Prädikat: sehr gut – glatte Eins!

Gleich im Anschluss daran wird eine wichtige Aufgabe genannt: über die Erde und alles, was in ihr ist, herrschen. Haben Sie bemerkt, wie Gott diesen Auftrag formuliert? Er sagt nicht: »Ihr sollt diesen Baum regelmäßig stutzen, die Vögel morgens und abends füttern, den Rasen auf 7,5 cm Länge mähen und die Kühe alle zwei Tage melken.« Nein, er sagt: »Ihr sollt über diese Erde herrschen!« Er stellt uns in eine gestalterische Freiheit. Er überträgt uns ein Mandat. Er gibt uns eine Aufgabe, aber *wie* wir sie füllen, dürfen wir entscheiden (und an dieser Stelle schon bezieht Gott die durchaus wahrscheinliche Möglichkeit mit ein, dass wir diese Freiheit eines Tage missbrauchen könnten und mit seiner Erde Raubbau treiben – aber dies führt nicht dazu, dass er den Auftrag zurückzieht und die Verantwortung schmälert!).

Ich glaube, wir machen beim Lesen dieser beiden biblischen Sätze über unsere Bestimmung oft einen entscheidenden Fehler: Entweder, wir überlesen den ersten Satz über unsere Ebenbildlichkeit Gottes völlig, oder wir koppeln zumindest den ersten vom zweiten über unseren Auftrag ab. Doch sie gehören definitiv zusammen! Wir sind Ebenbilder Gottes, und als solche sollen wir über die Erde herrschen. Wie herrscht Gott? Was denken Sie, wie er diese Welt erschaffen hat – Feuer, Ozeane, Stürme, Sterne, Strände, Regenwälder und Korallenriffe? »Och nö, jetzt muss ich auch noch Fische machen. Glitschige Dinger. Find ich blöd. Aber sie müssen ja ins Wasser, sonst fehlt was. Ach, und dann warten auch noch die Bäume darauf, dass ich ihnen zeige, wie man blüht. Dass die das nicht selbst hinkriegen! Alles muss man selber machen. Langsam reicht's mir echt. Hat mich eigentlich je jemand gefragt, ob ich überhaupt Schöpfer sein will?« Ich kann mir nicht vorstellen, dass er so grummelig ans Werk gegangen ist und nur getan hat, was wohl von ihm erwartet wird. Im Gegenteil: Er hat vor Kreativität gesprüht. Das wird mir immer wieder klar, wenn ich in den Zoo gehe und mir diese absolut wahnsinnige Auswahl von großen, kleinen, dicken, dünnen, schnellen, behäbigen, lauten, leisen, starken, schwachen, bunten, grauen, hübschen und gewöhnungsbedürftigen Tieren anschaue. Ich bin mir sicher, dass Gott einfach nicht wusste, wohin mit all seinen Ideen und dass er immer wieder gesagt hat: »Mir ist noch was eingefallen. Ich muss noch eine neue Tierart machen!« Außerdem hatte er eine Menge Spaß dabei, mit Sicherheit. Oder können Sie sich vorstellen, dass man ein Hängebauchschwein oder ein Erdmännchen erschaffen kann, ohne dabei laut zu lachen?

Erahnen Sie, worauf ich hinauswill? Wir sind Gottes Ebenbilder und sollen als solche ganz wichtige Aufgaben in dieser Welt übernehmen (*wichtig* nicht im Sinne von »Chef eines großen Konzerns mit fünfstelligem Verdienst im Monat«; wichtig sind in Gottes Augen die, die seine Schöpfung und Geschöpfe auf welche Weise auch immer hegen, pflegen, bewahren, hüten und schützen). Der Plan war nicht, dass wir Opfer dieser Aufgabe werden und entweder von ihrer Last oder ihrer Monotonie erdrückt werden. Im Gegenteil: Der Plan war, dass wir diese Aufgabe gestalten, genießen und mit Leben füllen. Den Auftrag, die Erde zu beherrschen, bekamen Adam und Eva nämlich *vor* dem Sündenfall und nicht etwa erst danach. In ihm steckt also etwas Göttliches, Heiliges, Vollkommenes!

Als ich mich als Kind mit dem Gedanken auseinandersetzte, mein Leben Jesus anzuvertrauen, hatte ich dabei ein großes Problem. Die meisten frommen Frauen, die ich kannte, waren Krankenschwestern. Und dies war ein Beruf, den ich mir unmöglich für mich vorstellen konnte. Eines Abends fragte ich darum meine Mutter: »Mama, wenn ich Christ werden will, *muss* ich dann auch Krankenschwester werden?« Zum Glück nahm meine Mutter meine Bedenken ernst und konnte mit ihrer Antwort meine Ängste zerstreuen. Doch ich glaube, dass viele Christen oft genau so leben: Sie meinen, dass sie einem bestimmten Typ Mensch entsprechen müssten. Diese Charakterzüge, jene Verhaltensweisen. Und am besten immer genau das, was uns am wenigsten liegt. Was uns das größte Opfer abverlangt. Es gab Zeiten in meinem Leben, in denen ich dachte, ich könnte nur ein guter Christ sein, wenn ich doch Krankenschwester werde und in die Mission gehe – weil das die beiden Dinge sind, die mir am wenigsten entsprechen. Doch das ist völliger Blödsinn! Wir sind als Ebenbilder Gottes geschaffen. In uns steckt Humor, Kreativität, Lust, Einmaligkeit, Stärke und Genialität, und wenn wir über diese Erde herrschen, dann dürfen all diese Eigenschaften dabei zum Vorschein kommen!

Im Blick

Nun haben wir einen ersten kleinen Blick auf Gott geworfen und darauf, was sein Wesen mit unserer Identität zu tun hat. Im Laufe dieses Buches werden wir noch tiefer in diese Beziehung zwischen ihm und uns einsteigen. Aber an dieser Stelle ist mir noch ein zweiter Blick wichtig: nämlich der, den Gott auf uns wirft.

In der Bibel gibt es die Geschichte von Hagar. Eigentlich spielt sie nur eine Nebenrolle in der Geschichte von Abraham und Sara. Die Kurzform geht ungefähr so: Gott hat Abraham und Sara zahlreiche Nachkommen versprochen. Allerdings ist Sara schon richtig alt, sodass sie bei dieser Verheißung nur lachen kann. Um dem Ganzen ein bisschen auf die Sprünge zu helfen, fordert Sara ihren

Mann auf, mit ihrer Sklavin Hagar zu schlafen und mit ihr ein Kind zu bekommen. Dieses würde sie dann einfach als ihr eigenes Kind zählen. Als nun Hagar schwanger wird, macht sie sich über ihre Herrin lustig und schaut auf sie herab. Aus Rache lässt Sara Hagar nur noch die Drecksarbeit verrichten, woraufhin Hagar mit ihrem Babybauch in die Wüste flieht (alles ausführlicher nachzulesen in 1. Mose 16).

Kein guter Ort für eine Schwangere. Eigentlich wäre sie hier dem Tod geweiht gewesen. Hitze, wilde Tiere, kein Wasser. Aber wen hätte es gekümmert? Sie war ja nur eine Sklavin. Doch mitten in der Wüste begegnet sie plötzlich einem Engel. Er stellt nur zwei Fragen: »Wo kommst du her?« und »Wo gehst du hin?«. Da der Engel ganz bestimmt alles über Hagar wusste (er begrüßt sie mit den Worten »Hagar, Sklavin Saras!«), bin ich mir sicher, dass er mehr damit meint, als nur die Auskunft über zwei Orte. Letztendlich führt er sie mitten hinein in unser Identitätsthema.

Ganz besonders spannend finde ich aber Hagars Reaktion. Zuerst antwortet sie ehrlich, was vor Kurzem vorgefallen ist. Nachdem der Engel ihr dann eine neue Berufung als Mutter vieler Völker zuspricht, ruft Hagar aus: »Ich habe den gesehen, der mich sieht!«

Mitten in der Wüste den sehen, der uns sieht – kann es etwas Schöneres, Befreienderes, Wertschätzenderes geben? Hagar war eine Null, ein Nichts. Noch dazu eine überhebliche Schlange. Und von anderen ausgenutzt obendrein. Aber Gott macht sich auf den Weg, schickt einen Engel, um ihr zu begegnen und sie zu retten. Das sagt so unendlich viel über Gottes Herz und seine grenzenlose Liebe zu uns aus!

Auch wenn Sie diese Zeilen vermutlich nicht im heißen Wüstensand lesen, möchte ich Sie zu einem kleinen Hagar-Experiment auffordern.

ᛞ Stehen Sie doch einmal auf und stellen Sie sich hinter oder neben den Platz, an dem Sie eben gesessen haben und richten Sie Ihren Blick auf diesen. Nun stellen Sie sich vor, Sie seien für einen Moment in der Rolle Gottes und würden auf Sie selbst schauen. Was meinen Sie, denkt Gott, wenn er Sie ansieht? Was fühlt er? Was erfreut ihn, was macht ihn traurig? Wenn Sie gerade alleine sind, dann nutzen Sie doch die Chance und sprechen diese göttlichen Gedanken und Empfindungen über Sie einmal laut aus.

ᛞ Schlüpfen Sie nun aus der Rolle Gottes wieder heraus und nehmen Sie gerne wieder Platz. Reflektieren Sie jetzt, was Sie eben gesagt, gedacht und gefühlt haben. Wie haben Sie den Gedanken empfunden, dass Gott Sie und Ihr Leben anschaut? Fürchten Sie Gottes Kritik, weil er vermutlich viele Ihrer Wege missbilligt? Oder glauben Sie, er sei traurig, weil Sie nicht das Musterkind sind, das er doch sicher gerne hätte? Oder ist er in Ihrer Vorstellung enttäuscht, weil er doch wesentlich mehr von Ihnen erwartet hätte? Oder haben Sie seinen Blick als offen, frei und freundlich erlebt? Es ist hier ganz wichtig zu bedenken, dass dieses Experiment in sehr engem Zusammenhang mit unserem Gottesbild steht – und unser Gottesbild kann sehr entstellt sein. Je nachdem, wie wir geprägt wurden und welche Vorstellung von Gott uns am gängigsten ist, kann das Überbetonen von Macht, Distanz, Rachsucht, Schwäche oder Willkür die Wahrheit über Gottes Wesen enorm verunstalten.

Darum lassen Sie mich Ihnen die Wahrheit ganz schlicht zusprechen: Gott sieht Sie – mit Augen der Liebe! Es sind keine blinden Augen, die über Unrecht, Scham und Schuld einfach hinwegsehen. Aber das steht für ihn erst einmal nicht im Mittelpunkt. Gott sieht Sie und mich. Er ist der Gott, der uns anschaut. Hinter die Fassade. Mitten in unser Herz. Er sieht unsere guten Motive und hehren Ziele – auch wenn das Ergebnis nicht das ist, was wir eigentlich erreichen wollten. Er sieht unsere Erschöpfung, wenn wir uns für andere aufgeopfert haben. Er sieht unseren Einsatz – auch wenn ein gesaugtes Haus am Abend wieder dreckig und ein gekochtes Essen nach zehn Minuten verputzt ist. Er sieht meine vielen Versuche – auch wenn ich immer wieder an denselben Stellen scheitere und scheinbar keinen Schritt weiterkomme. Er sieht meinen guten Willen, mich zu verändern und ihm ähnlicher zu werden – auch wenn ich mal wieder ungeduldig, unfreundlich oder unehrlich war.

Aber wissen Sie, was er noch sieht? Er sieht den Menschen in uns, den er eigentlich erdacht und gemeint hat. Er sieht immer noch das Ebenbild seiner selbst in uns, auch wenn es durch so vieles verschüttet wurde. Auch wenn es etwas ungewohnt klingt, so sieht Gott tatsächlich eine Königin und Priesterin in Ihnen (Offenbarung 1,6; GNB). Seine wundervolle Tochter von unvergleichlicher Schönheit (Psalm 139,13-16). Wertvoll genug, um Ihren Namen in seine Handflächen einzuzeichnen (Jesaja 49,16). Rein und fehlerlos (Kolosser 1,22; GNB). Einen Menschen, von dem Ströme des lebendigen Wassers ausgehen (Johannes 7,38). Eine Krone in seiner Hand (Jesaja 62,3). Fräulein Wundervoll! Und darum ist sein größtes Ziel, uns zu dieser Bestimmung zurückzuführen, Ballast aus unserem Leben auszuräumen und unsere Umwege zurück auf den richtigen Weg zu bringen.

Er sieht den Menschen in uns, den er eigentlich
erdacht und gemeint hat.

Gott setzt sich mit uns an den Tisch, schaut uns lange und liebevoll an und bietet uns dann an, mit uns gemeinsam auf alles zu
schauen, was den Tisch bedeckt, um uns beim Auswählen, Sortieren und Abräumen zu helfen. Denn ein aufgeräumter Tisch ist so
wichtig, damit etwas Neues entstehen kann.

Kapitel 3

Alte Antreiber, neue Wahrheit –
Veränderung für Kopf, Herz und Seele

Manchmal beginnt ein neuer Weg nicht damit, Neues zu entdecken, sondern damit, Altbekanntes mit ganz anderen Augen zu sehen.
UNBEKANNT

Nehmen wir uns doch noch einen Moment mehr Zeit, uns die Dinge auf dem Tisch anzuschauen. In meinem Bild sind es ja sowohl Lebensmittel als auch Dinge, die man halt sonst so auf einem Tisch ablegt. Ich erwähnte schon, dass die einzelnen Sachen an sich gar nicht schlecht sind. Es handelt sich also nicht um verdorbene Lebensmittel und auch nicht um kaputte Gegenstände. Wenn ich an diesem Tisch Platz nehme, ist es also durchaus möglich, irgendwie satt zu werden und auch zu verweilen. Zumindest für den Moment. Allerdings gibt es zwei wichtige Aspekte zu beachten. Erstens stellt sich bei einer Mahlzeit ja immer auch die Frage, ob es uns schmeckt und ob wir uns an dem Tisch wohlfühlen. Zweitens müssen wir auf lange Sicht im Blick behalten, ob wir uns gesund ernähren und so auch auf Dauer die Chance haben, gesund zu bleiben.

Und täglich grüßt ... das Mittagessen

In meinem Tagesablauf gibt es ein Ereignis, auf das ich mich einerseits immer sehr freue, vor dem ich aber immer wieder auch großen Respekt habe, weil mich die Gesamtsituation oft ganz schön fordert (und gelegentlich auch überfordert): das Mittagessen. Ich mache am Anfang der Woche einen Plan, was es jeden Tag zu essen geben soll. Dabei versuche ich zu bedenken, was meine Kinder gerne mögen, was mein Mann gerne mag und wie ich in diese

Mahlzeiten auch noch ein paar Vitamine bekomme. (Sie kennen das wahrscheinlich: Die Quadratur des Kreises ist hiergegen seichtes Unterhaltungsprogramm!) Je nach Gericht mache ich mich im Laufe des Vormittags an die Arbeit und bereite alles vor. Um 12:20 Uhr kommt dann der Rest der Bande von Arbeit und Schule nach Hause, und von den Kindern höre ich noch vor dem »Hallo Mama« oft »Was gibt es heute zu essen?«. Nachdem die Rucksäcke, Jacken, Schals, Mützen, Taschen, Basteleien und sonstigen Mitbringsel in verschiedene Ecken geschleudert wurden, finden sich dann alle mehr oder weniger gleichzeitig am gedeckten Tisch ein und das Gekochte wird begutachtet und mit fröhlichen, skeptischen oder angewiderten Blicken bedacht. Wenn wir dann Gott für das Essen gedankt haben (oder vielleicht auch im Stillen gebetet wurde, dass sich bis zum Augenöffnen der Spinat in Schokopudding verwandelt hat), legen alle los.

Meine Tochter ist eine Schnellesserin. In der Regel ist sie die Erste, die den Teller leerhat und meistens auch noch einen Nachschlag möchte. Oft isst sie im Stehen, weil man so viel besser hampeln kann – und fliehen, bevor der Tisch abgeräumt werden muss. Außerdem erzählt sie ohne Punkt und Komma, was sie in der Schule erlebt hat.

Mein Sohn ist ein Spielkind. Wenn sich in seiner greifbaren Nähe irgendetwas befindet, woran man rumfummeln kann und was man zu einem Fahrzeug oder einer Rakete umfunktionieren kann oder was sonst irgendwie seine Aufmerksamkeit auf sich zieht, ist das Essen schnell vergessen. Es kann vorkommen, dass ich ihn während nur einer Mahlzeit zehnmal ermahnen muss, doch bitte weiterzuessen. Und auch seine Schulgeschichten werden lautstark und theatralisch von ihm vorgetragen.

Mein Mann ist ein stiller Esser. Er sitzt vor seinem Teller, steckt sich einen Bissen nach dem anderen in den Mund und bekommt relativ wenig von dem mit, was um ihn herum passiert. Stattdessen hängt er oft seinen Gedanken nach, die sich noch um die Arbeit drehen oder darum, was sonst noch so auf seiner To-do-Liste steht. Wenn man sich beim Essen mit ihm unterhalten möchte, muss man ihn regelrecht aus seiner Welt in die Gegenwart rufen. (Mein Mann bezeichnet diese ihm eigene Fähigkeit, sich »ausschalten« zu können, übrigens als Gabe und als Segen, in meiner Bewertung liegt es definitiv näher am Fluch.)

Ich versuche, mein Essen und die Zeit dabei zu genießen, weil essen für mich ein ganz wesentlicher Bestandteil des Lebens ist. Wenn man mich nicht regelmäßig füttert, werde ich unausstehlich! Dauert es zu lange, bis ich nach dem Aufstehen mein Frühstück bekomme, erteilt mein Mann mir stets Sprechverbot, weil mein Hirn sich im Unterzuckerungszustand ausschaltet und ich nur noch rumzicke.

Seitdem wir wieder einen Säugling zu Hause haben, kommt es nun öfter vor, dass ich während des Essens stillen muss, weil die kleine Dame eine eingebaute Antenne dafür hat, genau dann Hunger zu bekommen, wenn wir auch essen.

Können Sie sich unseren Esstisch und die Atmosphäre ein bisschen vorstellen? Zum einen liebe ich das wuselige Leben dort. Zum anderen sitze ich manchmal noch eine ganze Weile länger am Tisch als alle anderen, betrachte das zurückgelassene Schlachtfeld und fühle mich ein bisschen so, als hätte ich gerade einen Tsunami überlebt. Nicht selten kommt es vor, dass ich am Ende der Mahlzeit kaum etwas gegessen habe oder völlig überfressen bin – einfach deshalb, weil ich mich während des Essens mehr mit Erlebnisberichten, umgefallenen Gläsern und der Frage nach der Menge des Nachtisches beschäftigt habe als mit meinem Teller. Und so habe ich entweder kaum etwas gegessen und habe nach einer halben Stunde schon wieder Hunger, oder ich habe willenlos so schnell so viel in mich hineingestopft, dass ich regelmäßig gelobe, nie wieder etwas zu essen (und dieser Schwur hält mindestens bis zum Nachmittag). Ich fürchte, dieses Los teile ich mit einer Menge anderer Mütter, aber ich tröste mich damit, dass auch wieder andere Zeiten kommen, in denen eine Mahlzeit viel ruhiger abläuft und ich mich dann wahrscheinlich irgendwie nach dem Chaos zurücksehne.

Bilanz am Abend

Manchmal sitze ich ähnlich erschlagen am Ende eines Tages auf dem Sofa und blicke zurück auf das Schlachtfeld des Tages. Ich habe den ganzen Tag viele an sich gute Dinge getan. Das Haus gesaugt. Arzttermine gemacht. Eine Freundin besucht. Die Kinder zu diversen Terminen gefahren. Wäsche gefaltet. Unkraut im Garten gejätet. Den Hasenstall sauber gemacht. Ein Mitarbeitertreffen in der Gemeinde besucht. Vieles davon habe ich getan, weil es »dran« war – die Wäsche war halt dreckig und der Arzttermin stand halt im Kalender. Das Mitarbeitertreffen hätte ich zwar sausen lassen können, aber schließlich habe ich mich zur Mitarbeit entschieden und möchte verlässlich sein. Und der Besuch bei meiner Freundin war für diesen Tag zwar eigentlich viel zu viel, aber wir haben uns schon so lange nicht gesehen und ich möchte ihr auch nicht den Eindruck vermitteln, dass sie mir nicht wichtig ist (denn das stimmt nicht!). So sitze ich nun hier, schaue auf all diese vielen Erlebnisse und fühle mich dabei völlig ausgelaugt und gleichzeitig total leer. Ich bin gerannt und doch nirgendwo angekommen.Ich habe so viele Eindrücke aufgenommen, aber gleichzeitig ist alles nur an mir vorbeigerauscht. Hinzu kommt das seltsame und trügerische Gefühl, dass ich im Grunde heute überhaupt nichts gemacht habe. Nichts geschafft habe. Nichts geschaffen habe, was von Dauer und von Wert ist. Wie gesagt, dieses Gefühl ist trügerisch, weil wir »etwas schaffen« anhand von Ergebnissen messen, die wir aber zum Beispiel als junge Mutter beim Büchervorlesen und Windelnwechseln einfach nicht vorweisen können. Das ändert aber nichts an der Tatsache, dass wir uns dennoch so fühlen. Übrigens tut unsere Gesellschaft ihren Teil dazu, dass sich Mütter tatsächlich unproduktiv und für die Allgemeinheit recht überflüssig fühlen. Da fallen Sätze, wie: »Ach, du bist *nur* Mutter?!« oder »Bist du den ganzen Tag zu Hause oder arbeitest du auch was?«, und unser Selbstwerttiefpunkt ist schwuppdiwupp erreicht. Aber das nur am Rande.

Wie gerne würde ich mit einem kühlen Kopf und einem kühnen Herzen mein Leben viel sorgfältiger planen. Prioritäten weise setzen. Den Moment genießen. Aktivitäten bewusst auswählen, andere absagen. Mich nicht von Ansprüchen anderer hetzen lassen. Das Hier und Jetzt erleben, ohne schon das Gleich und Morgen zu organisieren, damit sich zeitlich nichts überschneidet. Im Bild gesprochen: den Tisch aufräumen, Speisen aussuchen, die ich wirklich mag und die mir guttun und eine Zeit erleben, in der ich eine entspannte, wohltuende und sättigende Mahlzeit zu mir nehme.

Was daran ist eigentlich so schwer? Gehen Sie meine Fragen in Gedanken doch auch einmal für sich selbst mit:

- Warum setze ich mich permanent einem (imaginären) Druck aus?
- Warum akzeptiere ich still und leise die Tatsache, dass ich nur selten in angenehmer Atmosphäre gesund »satt« werde, und damit Gefahr laufe, auf Dauer in einer tiefen Unzufriedenheit, wenn

nicht sogar in einer umfassenden Erschöpfung
bis hin zum Burnout zu enden?

♔ Wo in all dem Trubel des Tages komme ICH
eigentlich vor?

Lebensmotorengeräusche

Vor einigen Jahren habe ich mich zusammen mit einer Mentorin
auf die Spur meiner inneren Antreiber gemacht. Unglaublich inte-
ressante und aufschlussreiche Sache! Ich bin keine Transaktions-
analytikerin wie meine damalige Wegbegleiterin und habe diese
psychologische Disziplin auch längst nicht umfassend studiert.
Dennoch sind mir an meinem eigenen Wegesrand etliche Kron-
leuchter aufgegangen, und so möchte ich Sie zumindest in die
Grundlagen dieser Sichtweise vom Leben mit hineinnehmen.

Bereits mit wenigen Lebensjahren lernen wir eine ganz bestimmte Sicht vom Leben, das sogenannte Lebensskript. Es ist die
Art und Weise, wie für uns das Leben funktioniert. Wenn ich ar-
tig bin, bekomme ich eine Belohnung. Wenn ich mich daneben-
benehme, bekomme ich keine. Zum Beispiel. Dieses Lebensskript
wird ganz maßgeblich von unserer Erziehung, unserem Umfeld
und den Werten unseres Umfelds geprägt. Wir schreiben dieses
Lebensskript auch nicht bewusst, sondern es ist ein Rückschluss
oder eine Zusammenfassung dessen, wie wir das Leben und die
Zusammenhänge darin für uns greifbar machen.

Im Wesentlichen kann man dieses Lebensskript auf fünf Antreiber herunterbrechen. Diese sind sozusagen unsere inneren Moti-
vatoren, die unser Denken, Fühlen und unser Verhalten (weitgehend unbewusst, sofern ich mich nicht damit auseinandersetze)
steuern. Sie lauten:

Sei stark!

Beeil dich!

Mach es allen recht!

Sei perfekt!

Streng dich an!

Zunächst einmal sind diese Antreiber gar nicht schlecht. Vieles in unserem Leben haben wir erreicht, weil es einen inneren Motor, einen Anspruch in uns gab, der uns bewegt hat, etwas zu leisten, etwas zu schaffen. Das Problem beginnt da, wo unsere Antreiber Macht über uns ausüben, und das geschieht sehr schnell.

Diese Antreiber funktionieren nämlich nach einem Wenn-dann-Muster. Sie bewirken in uns, dass wir uns OK fühlen, wir uns also gewissermaßen unsere Daseinsberechtigung verdienen. Denn wir haben ja gelernt: Wenn ich dieses oder jenes tue, funktioniert die Welt. Im Klartext heißt das, die innere Stimme in uns spricht Sätze, wie: »Wenn du es allen recht machst, bist du OK!« oder »Wenn du perfekt bist, bist du OK!«. Natürlich ist es bei jedem Menschen verschieden, welcher Antreiber wie stark in ihm wirkt. Manchmal ist es speziell ein Antreiber, der besonders laut in uns wütet, oft ist es aber auch ein Zusammenspiel von zwei oder mehr Antreibern.

Die Ausprägung eines Antreibers hat, wie gesagt, maßgeblich mit unserer Geschichte zu tun. Sätze, die wir immer wieder gehört haben, Reaktionen, die wir erlebt haben, Muster, die zu Hause gelebt wurden. Es können auch ganz kleine oder eigentlich nebensächliche Dinge gewesen sein, die aber eine sehr nachhaltige Wirkung auf uns hatten.

Ich war früher eine sehr gute Schülerin und das Lernen fiel mir nicht schwer. Deshalb brachte ich viele Einsen und Zweien mit nach Hause, und schon bald hatten sich meine Eltern und Großeltern daran gewöhnt. Kam es hin und wieder einmal vor, dass mich eine Klassenarbeit oder Klausur tatsächlich sehr herausforderte und ich nur eine Drei bekam, hörte ich Sätze, wie: »Das kennen wir ja gar nicht von dir.« Oder: »Beim nächsten Mal wird es wieder besser!«. Ganz sicher waren diese Bemerkungen nett und aufmunternd gemeint. Bei mir kamen sie aber völlig anders an. Ich zog den Schluss daraus: »Du musst wieder besser werden und es mindestens auf eine Zwei schaffen. Alles darunter ist komplett inakzeptabel!« Nun wird es Sie sicher nicht wundern, dass der Antreiber »Sei perfekt!« bis heute sehr vorherrschend in mir arbeitet. Denn auch, wenn meine Schulzeit mittlerweile viele Jahre zurückliegt, ist das, was ich mir damals über das Leben und mein Verhalten zusammengereimt habe, so mächtig, dass es nach wie vor meine Sicht auf alles prägt. Wenn ich etwas anpacke, dann mache ich es richtig. Fehler und Versagen sind keine Optionen für mich und Kritik wirkt sehr zerstörerisch auf mich (bitte bedenken Sie das, falls Sie vorhaben, mein Buch bei Amazon zu bewerten ☺). Jede Bewertung, jeder Kommentar wird von mir als Appell aufgefasst und setzt in mir einen Kreislauf in Gang, bei dem ich mich frage, ob ich irgendetwas hätte besser machen können. Nebenbei bemerkt: Menschen, die den Antreiber »Sei perfekt!« haben, sind sehr abhängig von Lob und Anerkennung, können aber gleichzeitig mit beidem nicht gut umgehen, weil sie sich selbst nicht über den Weg trauen und immer glauben, dass es eigentlich noch besser hätte sein können. Denn wer ist schon perfekt?

Auch die anderen Antreiber hinterlassen deutliche Kennzeichen in unserem Leben. Menschen, die »Beeil dich!« in sich tragen, haben immer einen vollen Terminkalender, wirken oft gehetzt und können sich nur schwer einer einzigen Sache widmen, sondern machen meist mehrere Dinge gleichzeitig. Ihr Fokus liegt immer auf dem, was als Nächstes oder Übernächstes kommt. Sie sitzen nur selten am Tisch, sondern schieben sich im Vorbeilaufen immer mal nur einen Happen in den Mund.

Wer eher das »Sei stark!« in sich hat, wird wenig Gefühle zeigen, denn diese gehen oft einher mit Schwäche. Man kann diesen Menschen nur schwer nah sein, weil sie keine Hilfe annehmen, und ihr Auftreten ist immer kraftvoll. In ihrer Nähe kann man sich schnell klein fühlen, weil ihnen scheinbar nichts zu viel ist und sie immer alles schaffen. Wenn sie am Tisch sitzen, scheinen sie zumindest sehr genau zu wissen, was sie essen wollen und was nicht. Gesellschaft brauchen sie nicht, denn sie sind sich offensichtlich selbst genug. Dass es in ihnen ganz anders aussieht, ahnt niemand.

Das »Mach es allen recht!« bewirkt hingegen, dass die Person sehr harmoniebedürftig ist. Sie hat kaum Ecken und Kanten, an denen man sich stoßen könnte, denn sie möchte unter keinen Umständen für Konflikte verantwortlich sein. Es ist schwer, ihre Meinung herauszufinden, denn die richtet sich nach dem, was den anderen gefällt. Diese Menschen haben oft ein großes Gespür für andere und lesen »zwischen den Zeilen«, damit sie auch die unausgesprochenen Worte hören und sich ihnen anpassen können. Am Tisch wird sich diese Person hauptsächlich um die anderen kümmern, niemandem etwas wegessen und sich vielleicht sogar mit den Resten begnügen, die sonst niemand wollte.

Zuletzt sind da noch die Menschen, bei denen das »Streng dich an!« hauptsächlich das Sagen hat. Sie wählen immer den schwersten Weg, denn wenn sie ein Ergebnis nichts gekostet hat, ist es kein gutes Ergebnis. Das Leben wirkt wie eine Last auf sie und man kann ihnen keine Leichtigkeit abspüren. Pflichtbewusstsein und Fleiß stehen ganz oben auf der Prioritätenliste. Weil sie vieles so anstrengt, ist Genießen schwierig für sie und Klagen liegt ihnen deutlich näher als Jubeln. Sitzt man in ihrer Gesellschaft am Tisch, herrscht eine eher schwere Stimmung, die Probleme des Lebens werden gewälzt und auch das Essen an sich ist eine zu leistende Aufgabe.

Selbstcheck

Vielleicht haben Sie von dem psychologischen Ansatz der Transaktionsanalyse schon gehört, vielleicht ist er Ihnen ganz neu. Wer in dieses Thema tiefer einsteigen möchte, kann sich sehr umfangreich im Internet informieren (dort findet man auch verschiedene Tests, mit denen man seine Antreiber identifizieren kann), gute Fachliteratur kaufen[2] oder sogar diverse Seminare besuchen[3]. Ich bin mir allerdings relativ sicher, dass Sie auch mit bruchstückhaftem Wissen ihren Antreibern recht schnell auf die Schliche kommen. Darum lade ich Sie ein, an dieser Stelle das Buch noch einmal beiseite zu legen und das Gelesene auf ihr Leben zu übertragen.

- Welche Erlebnisse aus Ihrer Kindheit haben Ihr Lebensskript maßgeblich geprägt?
- Welche Antreiber wirken bis heute in Ihnen?
- Welche Verhaltensweisen können Sie heute nur schwer ändern, weil Sie damit Ihrem Lebensskript und Ihren Antreibern entgegen handeln müssten?

Fazit: mangelhaft

Nun müssen wir nur ein kleines Stück weiterdenken, und das größte Problem bei den Antreibern wird klar: Wir werden ihnen nie vollständig genügen können. Es wird immer möglich sein, noch schneller, noch perfekter, noch stärker zu sein. Wir werden also rennen und machen und schuften und bedienen – und am Ende steht trotzdem als Ergebnis über allem: Du bist nicht OK. Denn wenn ich nur in einem Moment versage, kann ich die Wenn-dann-Bedingung nicht umfassend erfüllen. Dieses Wissen treibt uns einerseits immer weiter an und wir perfektionieren unser Rollenverhalten, andererseits sind wir immer nur einen Schritt vom Scheitern entfernt. Am Ende des Tages werde ich nicht OK sein. Und wer nicht OK ist, hat kein Recht auf Liebe, auf Anerkennung, auf Zuwendung, auf Existenz. Bäm!

Außerdem beschränkt sich mein Dasein nur noch auf ein bloßes Funktionieren. Ich habe zwar genau im Blick, was andere von mir wollen oder was ich tun muss, um die Ansprüche meines Antreibers zu erfüllen. Aber was ich möchte, was mir guttut und was ich wirklich brauche, spielt kaum noch eine Rolle. Ich höre auf, mir selber etwas wert zu sein, nehme mich mit meinen Bedürfnissen, Wünschen und Sehnsüchten gar nicht mehr wahr. Der Tisch wird zu einem Ort, der mich mit dem, was auf ihm steht, bestimmt – und nicht umgekehrt.

Umdenken

Wenn etwas in unser Bewusstsein rückt, wird es möglich, es zu ändern. Genau das trifft auch auf unser Lebensskript und die dazugehörigen Antreiber zu. Der erste Schritt ist, sich darüber klar zu werden, dass wir überhaupt ein solches Lebensskript haben. Der zweite ist das genaue Hinschauen, wie mein persönliches Lebensskript mit seinen Antreibern eigentlich aussieht. Der nächste Schritt ist nun, nicht länger Knecht meiner Antreiber zu sein, sondern über sie zu bestimmen.

Wenn etwas in unser Bewusstsein rückt,
wird es möglich, es zu ändern.

Das, was sich in unserer Kindheit unbemerkt in unser Leben geschlichen hat und es bis heute fest in der Hand hält, darf verändert werden. Wir sind erwachsen geworden und mit uns im besten Fall auch die Fähigkeit, Entscheidungen zu treffen. Wenn wir nun also unsere Antreiber entlarvt haben, können wir beginnen, uns gegen sie zu entscheiden. Wir können ihnen das Recht entziehen, unser Leben weiterhin zu beherrschen und dürfen neue Wahrheiten über unser Leben schreiben. Hieß es bis jetzt: »Du bist nur OK, wenn du perfekt bist«, so kann ich dem ganz bewusst entgegnen: »Nein, ich bin auch dann OK, wenn ich nicht perfekt bin. Ich darf Fehler machen und aus ihnen lernen. Das ist kein Weltuntergang, sondern bietet mir große Chancen!« Natürlich reden wir hier über einen – unter Umständen ziemlich langen – Prozess. In Abhängigkeit davon, wie alt Sie sind, funktionieren Sie schon eine ganze Weile nach Ihrem alten Denkmuster. Nun zu meinen, von heute auf morgen ließe sich das ändern, ist zu viel verlangt. Dafür sind die alten Denkbahnen einfach zu ausgefahren. Aber auf jeden Fall ist es möglich, eine andere Perspektive zu lernen. Mein Denken neu zu programmieren. Einen befreiten Blick auf mein Leben zu gewinnen.

Wer bisher immer vom Schnellsein angetrieben wurde, darf sich sagen: »Ich kann mir Zeit nehmen und darf mir Pausen gönnen. Das ist völlig OK und auch ich bleibe OK!« Der Angestrengte kann lernen, dass nicht alles schwer ist und man durchaus die Leichtigkeit genießen darf, die in vielen Dingen steckt. Wer bisher nur an andere gedacht hat und ihr Wohl gesucht hat, kann umdenken: »Auch meine Bedürfnisse sind wichtig. Ich darf mich ernst nehmen und zu mir stehen, selbst wenn jemand anders unzufrieden mit mir ist!« Und der Starke darf lernen, Schwäche zu zeigen, Hilfe in Anspruch zu nehmen und Gefühle zuzulassen.

Es wird Zeit, dass das erdrückende und beherrschende Chaos

auf dem Tisch aufgeräumt wird. Es wird Zeit für eine neue Wahrheit über unserem Leben.

Meine damalige Mentorin gab mir zwei Übungen mit auf den Weg, um das Umdenken immer wieder im Alltag zu trainieren. Gerne teile ich Sie an dieser Stelle mit Ihnen:

1. Wie am Anfang bereits erwähnt, sind Antreiber nicht nur schlecht. Darum dürfen wir überlegen, in welchen Situationen unseres Lebens wir von unseren Antreibern auf gute Weise motiviert werden. Wo ist es nützlich, dass wir eine gewisse Form von Perfektion, Stärke, Tempo, Anpassungsfähigkeit oder Anstrengung an den Tag legen? In meinem Beispiel riet sie mir, mich beim Schreiben von Predigten von meinem Perfektionismus ein Stück weit leiten zu lassen. Es ist gut, sich hier nicht mit Mittelmäßigkeit zufriedenzugeben, schließlich will ich Gottes Wort weitergeben und in das Leben von Menschen hineinsprechen. Meine Hörer haben es also verdient, dass ich mir so viel Mühe gebe, wie es geht (womit ich nicht sagen möchte, dass perfektionistisch vorbereitete Predigten eine größere Kraft haben. Es ist immer Gott und sein Reden zu den Herzen der Menschen, worauf es im Letzten ankommt. Dennoch ist meiner Meinung nach der »Gottes-Faktor« kein Grund, in der Vorbereitung einer Predigt nachlässig oder arbeitsscheu zu sein. Gott füllt immer unseren Mangel, aber nicht unsere Faulheit… Aber dieses Thema wäre wohl ein eigenes Buch wert!).

Genau so, wie es Bereiche in unserem Leben gibt, in denen unsere Antreiber uns zum Gewinn werden können, müssen wir überlegen, wo sie uns nur unnötig scheuchen. Muss mein Haus immer perfekt aufgeräumt sein? Meine Wäsche perfekt gefaltet? Mein Auto perfekt sauber? Nein. Und so gab sie mir hier den Rat, bei mir vertrauten Menschen mein Un-Perfektsein zu trainieren. Das kann zum Beispiel so aussehen, dass ich das nächste Mal, wenn meine Freundin kommt, nicht noch kurz durchsauge, auch wenn unter dem Tisch noch ein paar Krümel vom Frühstück liegen, und die herumliegenden Spielsachen einfach liegen bleiben dürfen. Und damit es einen höchstmöglichen Trainingseffekt hat, kann ich ihr sogar anvertrauen, was ich gerade übe. Nicht in Form einer Entschuldigung (»Tut mir leid, dass es hier heute so schlimm aussieht«), sondern eher mit einer Bitte (»Ich versuche gerade, es auch mal auszuhalten, nicht alles immer perfekt zu machen. Darum mussten heute im Haushalt ein paar Dinge liegen bleiben, weil anderes einfach wichtiger war. Ich weiß, dass ich das mit dir teilen kann und du sicher damit klarkommst. Könntest du mich auf diesem Weg ein wenig unterstützen und mir Mut machen?«).

- In welchen Bereichen Ihres Lebens können Sie von Ihrem Antreiber profitieren? Wo wollen Sie ihn ganz bewusst als positiven Motor nutzen?
- Und in welchen Bereichen ist er für Sie nicht von Nutzen, weil er Dinge von Ihnen fordert, die gar nicht nötig sind bzw. Sie zu etwas treibt, was eher ungesund ist?
- Welchen Menschen können Sie sich anvertrauen, damit sie Sie auf Ihrer Reise ein Stück begleiten und Sie an Ihr Umdenken erinnern, wenn sich wieder alte Denk- und Verhaltensmuster einschleichen?

2. Antreiber verhindern, dass das »innere Kind« in uns auch mal spielen darf. Wer sich immer anstrengt, es allen recht macht oder immer mit Eile unterwegs ist, hat keine Zeit für Genuss, für Leichtigkeit, für Spaß oder Kreativität. Meine Mentorin brachte es mit einem Augenzwinkern so auf dem Punkt: »Dein inneres Kind sitzt gefesselt und geknebelt im Keller deines Seins. Es wird Zeit, dass du es mal aus seinem Gefängnis herauslässt!« Die Übung, die sie

mir hierzu mitgab, war sehr einfach und dennoch vielleicht gerade deswegen auch so schwer: eine halbe Stunde am Tag etwas tun, was das Herz erfreut und belebt. Spazieren, lesen, schlafen, malen, nähen, Musik machen, mit einer Freundin telefonieren, backen, Sport machen – ganz egal. Aber es darf nicht perfekt ausgeführt werden, nicht unter Stress, nicht zum Wohle anderer. Der einzige Maßstab hier lautet: Tut es mir gut? Wichtig ist für diese Aufgabe, dass die halbe Stunde möglichst am Stück genutzt wird, damit wir sie auch wirklich wie eine Auszeit erleben, und dass wir täglich neu überlegen, was wir heute wirklich brauchen. Wenn ich gestern einfach mal geschlafen habe, ist es mir heute vielleicht viel dienlicher, eine Runde joggen zu gehen. Bei unseren ohnehin schon vollen Tagen kommt uns eine halbe Stunde vielleicht lang vor, und wir fragen uns, woher wir diese Zeit nehmen sollen. Tatsächlich ist es so, dass sie uns zunächst an anderer Stelle wirklich fehlt. Aber wir werden merken: Wenn wir am Tag mindestens einmal für eine Weile auf uns und unsere Wünsche achten, dann werden wir bei anderen Aufgaben wieder viel leistungsfähiger und frischer. Am Ende fehlt uns die halbe Stunde also keineswegs!

Was tun Sie wirklich gerne?

Stellen Sie doch einmal eine Liste der Dinge und Tätigkeiten zusammen, bei denen Sie sich entspannen können oder die Ihnen so richtig Spaß machen. Und dann fangen Sie gleich an: Legen Sie das Buch zur Seite (sofern nicht »Lesen« auf dieser Liste steht ☺) und lassen Sie ihr inneres Kind eine halbe Stunde spielen. Es wird sich ganz sicher bei Ihnen bedanken!

»Einen Scheiß muss ich« – echt?

Trotz dieser wirklich guten Übungen stellte ich aber immer wieder fest, wie ich dennoch an meine Grenzen stieß und das neue Denken nicht so einfach in Fleisch und Blut überging. Denn viele antreibende Gedanken suchen wir uns nicht aus, sie kommen sozusagen von alleine über uns. Oft sind es Gedanken, die wir gewöhnt sind zu denken. Und ebenso ist es mit Verhaltensmustern. Wenn ich unser Haus sauge, dann überlege ich vorher nicht, ob ich es heute perfekt machen will oder eher husch-husch. Als Perfektionistin widerstrebt es mir, Dinge nicht gründlich zu erledigen und Fehler zuzulassen. Also werde ich mir – wie immer – den Staubsauger nehmen und jeden Raum – wie immer – bis auf den letzten Krümel in der hintersten Ecke saugen. Ich treffe gar keine bewusste Entscheidung mehr dafür. Veränderung kann also nur dann stattfinden, wenn ich überhaupt erst einmal herausfinde, wo überall mein Antreiber Einfluss auf mein (oft unbewusstes) Verhalten hat.

Ein zweiter großer Stolperstein auf dem Weg von falschen Antreibern weg ist der, dass uns das neue Gedankengut so fremd ist, dass es uns vielleicht sogar als völlig falsch erscheint und wir es gar nicht denken *wollen*. Dies wurde mir neulich ganz deutlich vor Augen gemalt: Ich bekam von einer sehr guten Freundin ein Buch empfohlen. Dazu muss ich sagen, dass mir diese Freundin unglaublich lieb ist, wir beide aber von unserem Charakter total verschieden sind. Das Buch, das sie mir empfahl, trägt den wohlklingenden Titel »Einen Scheiß muss ich«, und meine Freundin schwärmte mir vor, wie gut es ihr tue, die darin beschriebenen Prinzipien zu beherzigen und wie sehr es sie entspanne. Ich war sofort Feuer und Flamme. Entspannt sein? Will ich auch! Selber entscheiden, was ich tue und was nicht? Ja, bitte! Die anderen die anderen sein lassen und mir selbst gefallen? Au ja! Also wünschte ich mir das Buch zum Geburtstag und bekam es tatsächlich auch geschenkt. Neugierig fing ich an, darin zu blättern und hier und da einige Gedanken zu lesen. Unter anderem fand ich da: »Sie müssen nicht aufräumen. Seien Sie lieber stolz auf Ihre Unordnung!«. Großartiger Gedanke, dachte ich. Den will ich auch denken. Konnte ich aber nicht. Weil er mir eben viel zu fremd war. Und auch mit vielen anderen Gedanken des Buches erging es mir so (zum Beispiel, dass mein derzeitiges Gewicht genau richtig ist und ich nicht abnehmen muss oder dass ich Dinge aufschieben darf und sie nicht heute erledigen muss). Ich konnte sie nicht denken und in letzter Konsequenz *wollte* ich sie doch gar nicht denken. Denn ganz schnell schlichen sich wieder die Stimmen und Bewertungen anderer in meinen Kopf. Was, wenn ich meine Unordnung plötzlich super finde, andere aber dann über mich reden und entscheiden, dass ich wohl mit meinem Haushalt überfordert bin? Oder wenn ich mein Körpergewicht und meine Figur als richtig empfinde, andere aber nur mit dem Kopf schütteln und meine Selbstwahrnehmung als komplette Fehlwahrnehmung einstufen?

Bisher herrschendes Denken hat Macht über uns. Wir ahnen zwar, wie schön es wäre, umzudenken, aber in letzter Konsequenz werden wir scheitern. Positive Sätze, schlaue Zitate und wohlklingende Ideen, die wir uns autosuggestiv wie ein Mantra vorsagen, sind leider nur von kurzer Dauer. Sie wirken wie ein Strauß Blumen auf dem Tisch, der uns für eine kurze Weile erfrischt und erfreut, aber der mit der Zeit im sonstigen Gewusel untergeht, bis er dann ganz verwelkt ist. Wir werden wieder in alte Muster zurückfallen – spätestens dann, wenn eine Situation es uns nicht erlaubt, mit kühlem Kopf zu überlegen, wie wohl die beste Reaktion jetzt aussehen könnte. Oder wenn wir müde, frustriert oder kraftlos sind, weil das Leben eben nicht an Geschwindigkeit verliert und uns permanent fordert.

Hinzu kommt eine weitere, ziemlich niederschmetternde Wahrheit: Wenn wir ganz ehrlich sind, müssen wir uns eingestehen, dass wir tatsächlich nicht OK sind. Also, so »ganz OK« vielleicht schon. Weil wir dem Müllmann zu Weihnachten eine Kleinigkeit schenken und beim Niesen die Hand vor den Mund halten. Aber es gibt viel zu viele Ecken unseres Lebens, die unaufgeräumt, dreckig und stinkend mit dem Finger auf uns zeigen und laut schreien: »Wenn du meinst, du seist OK – mal ganz unabhängig davon, ob du schnell, perfekt oder angestrengt bist – dann machst du dir selbst etwas vor!« Hier geht es nicht mehr in erster Linie um Antreiber. Hier geht es um die Substanz. Um unser Wesen. Und da sieht die Bestandsaufnahme leider wenig rosig aus. Selbstsucht. Neid. Eitelkeit. Streit. Unversöhnlichkeit. Arroganz. Gier. Geiz. Selbstgerechtigkeit. Um nur mal einen Ausschnitt zu beleuchten. Wir haben keine weiße Weste!

Wenn wir ganz ehrlich sind, müssen wir uns eingestehen,
dass wir tatsächlich nicht OK sind.

Zu denken, dass wir uns mit ein paar positiv formulierten Ermuti-
gungen selbst retten könnten, ist zu kurz gedacht und eine Lüge.
Vielleicht entfliehen wir ein Stück weit unseren Antreibern. Aber
»OK« werden wir dadurch noch lange nicht. Denn schöne Worte
können die harte Wahrheit nicht ändern.

In der Bibel gibt es einen Vers, der sich auch mit der Wahrheit beschäftigt. Jesus verspricht seinen Jüngern: »Ihr werdet die
Wahrheit erkennen und die Wahrheit wird euch frei machen!« (Johannes 8,32; GNB). Die Wahrheit erkennen. Erkennen, dass wir
nicht OK sind. Freiheit erleben. Wie soll das gehen? Das macht
doch eher das Gegenteil! Nun könnte man meinen, dass die besten Freunde Jesu ein ganzes Stück heiliger gewesen sind als wir
und für sie das Erkennen der Wahrheit tatsächlich befreiend war.
Stimmt aber nicht. Sie waren genauso streitsüchtig, kleingläubig,
hitzköpfig und unverständig wie wir. Die Bibel berichtet an so vielen Stellen davon, dass Jesus sich bei ihren Sprüchen und Taten
nur die Haare raufen konnte. Die Wahrheit, die über ihrem Leben
stand, war also kein bisschen besser und demnach auch nicht be-
freiender als die, die über unserem Leben steht. Was also meint
Jesus hier? Um welche Wahrheit geht es und wie kann sie uns
tatsächlich in eine große Weite führen?

Wenn das wirklich wahr wäre ...

Setzen Sie sich doch gedanklich noch einmal an den Tisch. Lassen Sie kurz Ihren Blick über die vollgestellte Tischplatte schweifen, aber schließen Sie dann die Augen und hören Sie diese Worte, die Jesus selbst liebevoll an Ihr Herz richtet:

»Ich kenne dich durch und durch, erachte dich für wundervoll und einzigartig und liebe dich von ganzem Herzen. Mit dieser Liebe möchte ich dich überschütten und dich mit guten Dingen segnen – mehr, als je jemand auf dieser Erde es könnte. Auch, wenn du Leid und Not erlebst, bin ich da und trage dich, tröste dich, halte dich. Ich habe einen Plan für dein Leben, und dieser beinhaltet, dass alles, was dir widerfährt, zu deinem Besten dienen kann. Ich weiß um deine Schwächen, doch ich helfe dir, sie zu tragen und erweise mich mitten in diesen Schwächen als deine Stärke. Ich kenne deine Ängste und möchte dein Dunkel hell machen. Die Verletzungen deines Herzens, die du durch Lügen ertragen musstest, habe ich gesehen und möchte sie heilen. Dort, wo du gefangen bist in Sünden, in Süchten, falschen Ansprüchen und Denkmustern, möchte ich dich befreien und deinem Leben wieder Qualität schenken. Das Leben, das ich dir anbiete, ist das wahre Leben, Leben im Überfluss. Ich zeige dir, was wichtig ist, worauf es ankommt, was von Dauer ist und Bestand hat. Du musst dich nicht mehr fürchten, du musst dich nicht mehr zersorgen, du musst dich nicht mehr unterdrücken, du musst dich nicht mehr verbiegen, du musst dich nicht mehr bestrafen, du musst dich nicht mehr verachten. Du darfst zu mir kommen, dich fallen lassen, meine Gegenwart spüren, auftanken, neu werden, das Leben schmecken.«

Wie klingt das in Ihren Ohren? Wenn das wahr wäre, dann stünde die Freiheit gleich vor der Tür! Aber kann es so einfach sein? Was ist denn mit unseren dunklen Stellen, den Schwächen und der Schuld? Ist Jesus blind? Ein Schönredner? Ein Augen-Zu-drücker? Ganz im Gegenteil!

Das Spannende an dem Bibeltext über Wahrheit aus Johannes 8,32 (und den Versen davor) ist, dass Jesus hier eigentlich viel weniger über uns spricht, sondern über sich. Wenn wir die Wahrheit erkennen wollen, dann müssen wir genau hinschauen, wer Jesus ist, und genau zuhören, was er sagt.

Wenn wir die Wahrheit erkennen wollen, dann müssen wir genau hinschauen, wer Jesus ist, und genau zuhören, was er sagt.

Nämlich:

Er ist perfekt, rein, heilig, gerecht, gut, mächtig, vollkommen, ewig. Unvergleichlich.

Er ist Gott, und wir sind nach seinem Ebenbild geschaffen.

Wir aber haben all diese Attribute verloren, abgelegt, preisgegeben.

Nichts passt so wenig zusammen, wie er und ich.

Aber Jesus hat die Distanz überwunden. Er hat den Himmel für die Erde verlassen und den Thron für unseren Dreck. Nun steht er vor uns mit durchdringenden und ehrlichen Augen. Er sieht alles, weiß alles. Nichts ist ihm verborgen, vor nichts verschließt er den Blick. Aber in seinem Blick liegt Liebe. Und diese Liebe sieht tiefer. Sieht durch den Dreck hindurch. Sieht die Person, die wir werden können. Sieht Nähe und Gemeinschaft. Sieht vollkommene Einheit. In Ewigkeit.

Und diese Liebe handelt. Jesus nimmt alles – alle Schuld, alle Scham, alle Dunkelheit – und trägt sie auf seinen Schultern zum

Kreuz. Lässt den Kopf sinken, um der Sünde zu zeigen, wo sie hingehört, nämlich in die tiefsten Tiefen. Und macht dadurch möglich, dass wir den Kopf wieder heben können.

Befreit, gestärkt, geliebt. Weil wir nichts von unserer Last mehr selber tragen müssen – wenn wir das wollen. Wenn wir es glauben und annehmen. Und wenn wir uns auf seinen Tod und seine Auferstehung berufen, falls uns jemand anklagt. Sei es ein Mensch, ein Gedanke, eine Macht oder unser eigenes Herz.

Jesus ist der Eine. Der Einzige. Die Wahrheit in Person. Und wenn wir ihn anschauen, sehen wir, wer wir jetzt sind. Gesundgeliebte. Neugemachte. Aufgerichtete. Beflügelte. Beschenkte. Weil über unserem Leben die Wahrheit steht: Es geht nicht um dich, um deine Kraft oder deine Gerechtigkeit. Es geht um mich. Ich bin all das, was du nicht bist – und ich bin es *für* dich. Weil es mir um dich geht!

Es geht nicht um dich, um deine Kraft
oder deine Gerechtigkeit. Es geht um mich.

Es ist möglich, dass Ihnen diese Dinge völlig neu sind. Dass Sie gerade mit offenem Mund vor dem Buch sitzen und kaum glauben können, was Sie da lesen. Aber vertrauen Sie mir – und vor allem Jesus: Es ist die Wahrheit. Und sie kann die neue Wahrheit über Ihrem Leben werden!

Dazu braucht es nicht viel – und dennoch alles. Es braucht lediglich ein Ja, aber in diesem Ja muss alles liegen, was wir sind. Ein Ja zu unserer Schuld, ein Ja zu unserer Bedürftigkeit. Ein Ja zu Jesu Opfer, ein Ja zu seiner Rettung. Ein Ja zu seinem Tod, ein Ja zu seiner Auferstehung, ein Ja zu seiner Liebe. Wenn wir diese Entscheidung treffen, wird alles neu. Vielleicht nach außen zunächst nicht sichtbar, aber dennoch mehr als wirklich. Uns wird vergeben. Wir werden zu Jesu Freunden. Seinen Geschwistern. Seinen Geretteten. Alles, was uns von ihm, dem Leben und der Wahrheit bisher trennte, wird von ihm selbst verbannt. Unwiederbringlich. Bis in alle Ewigkeit. Ausgelöscht. Die Bibel spricht ganz viel davon. Zum Beispiel im Römerbrief. Wenn Sie noch Zweifel plagen oder Sie offene Fragen haben, dann lesen Sie diesen doch einmal. Paulus wendet sich dort an die ersten Christen in Rom und erklärt ihnen so einiges über Sünde, gerechtes Gericht, Gnade und Rettung. Außerdem ist es möglich, einmal eine christliche Gemeinde aufzusuchen, wovon es sicher eine auch in Ihrer Nähe gibt. Hier werden Sie Menschen treffen, die dieses Angebot Jesu bereits für sich in Anspruch genommen haben und Ihnen gerne zuhören und Sie ein Stück auf Ihrem Weg begleiten. Und nicht zuletzt wartet Gott selbst bereits mit offenen Armen auf Sie. Kennt Ihr Herz. Weiß, was Sie noch abhält. Möchte Zweifel ausräumen, Wunden heilen, Fragen klären. Sie können dort, wo Sie sind, so wie Sie sind, einfach mit ihm reden. Es bedarf keiner besonderen Worte, keiner speziellen Formeln. Sagen Sie ihm, wie es in Ihnen aussieht. Was Sie über seine Wahrheit denken. Wonach Ihr Herz sich sehnt. Und wenn für Sie alles geklärt ist, dann geben Sie ihm Ihr JA.

Das könnte zum Beispiel so klingen:

»Guter Gott, ich bin auf der Suche nach Wahrheit. Ich wünsche mir, ein Leben zu leben, das frei ist von Zwängen, von Lügen und von Täuschung. Heute habe ich von deiner Wahrheit gehört, von dem Leben, das du mir anbietest. Ich möchte mich für diese Wahrheit entscheiden und mein Leben darauf bauen. Auf meinem Lebensweg bis hierher bin ich weit von dir entfernt gewesen und habe vieles falsch

gemacht. Eigentlich hätte ich dafür die gerechte Strafe verdient und könnte keine Gemeinschaft mehr mit dir haben. Aber du hast einen Weg bereitet, auf dem du zu mir gekommen bist. Du hast deinen Sohn auf diese Erde gesandt, um für meine Schuld mit seinem Leben zu bezahlen. Ich möchte dieses Angebot heute annehmen. Ich sage Ja zu seiner Vergebung und zu einem Leben mit dir. Sei du mein Herr! Und weil Jesus nicht tot geblieben ist, sondern wieder auferstanden ist und den Tod besiegt hat, werde ich auch in Ewigkeit leben dürfen – in Gemeinschaft mit dir! Ich danke dir von ganzem Herzen für deine Liebe, für dein Geschenk, für deine Gnade und für das Leben, das nun auf mich wartet! Amen.«

Vielleicht haben Sie die Geschichten über Jesus aber auch schon mit der Muttermilch aufgesogen, und es fällt Ihnen gar nicht mehr so leicht, über die Gnade und Liebe zu staunen. Die Gute Nachricht hat sich irgendwie glatt geschliffen und vermag es nicht mehr, Sie aufzumischen. Das kenne ich! Aber das ändert nichts daran, dass diese Wahrheit unser Leben verändert – ungeachtet der Gefühle, die sie in uns weckt oder auch nicht.

Die Wahrheit glauben

Es ist interessant, einmal nachzuschlagen, welche Bedeutung das Wort »Wahrheit« hat. Es stammt vom indogermanischen Wort »wär« ab, was so viel bedeutet wie Vertrauen, Treue, Zustimmung. Die Wahrheit ist also nicht nur eine rein rationale Sache. Natürlich gibt es Fakten, die nicht viel mehr als Rationalität bedürfen. Gras ist grün und Wasser nass. Punkt. Aber in dem Moment, wo Wahrheit persönlich und emotional wird, braucht es mehr. Es braucht unsere Bereitschaft, sich auf sie einzulassen. Unser Mitgehen. Das, was Jesus sagt, ist die Wahrheit – und wird auch nicht zur Unwahrheit, wenn ich ihm nicht glaube. Aber solange ich ihm nicht glaube, wird seine Wahrheit keinen Einfluss auf mein Leben haben. Sie wird weder Kraft noch Befreiung bringen können.

Ich hatte vor einigen Jahren ein interessantes Erlebnis. Auf einer Freizeit mit meiner Kirchengemeinde bot ein Bekannter von mir einen Workshop zum Bibliodrama an. Ich wusste darüber nicht viel, nur, dass man wohl bekannte biblische Geschichten nachspielt. Eigentlich finde ich sowas peinlich bis albern, aber trotzdem meldete ich mich aus mir bis heute unerfindlichen Gründen dazu an. Nach ein paar einführenden Worten und einigen Aufwärmspielchen (Klischee bestätigt – die waren genauso seltsam, wie ich es mir vorgestellt hatte), kamen wir dann aber zum Eigentlichen. Wir spielten die Geschichte aus Matthäus 14, wo Petrus im Sturm das Boot verlässt und Jesus auf dem Wasser entgegenläuft. Ich war Petrus. Wir hatten ein improvisiertes »Boot« aus Decken und Stühlen und schaufelten mit imaginären Eimern imaginäres Wasser aus demselben. Dank der offenherzigen Theatralik einiger Mitschauspieler entstand eine ziemlich reale Panik, dass das Boot untergeht. Mitten in dieser ums Überleben kämpfenden Hektik erschien »Jesus« einige Meter vom Boot entfernt auf dem Wasser. Nun kam mein Part. Ich musste ihn erblicken, meinen Eimer beiseitelegen, mit ihm sprechen, das Boot verlassen und ihm entgegengehen. Eigentlich. Aber es gelang mir kaum. Schon oft hatte ich die Auslegung der Geschichte gehört, dass es viel Mut kostet, aus dem Boot zu steigen. Ist auch klar, denn das ist ja ziemlich verrückt. Mein Problem war allerdings ein ganz anderes. Ich fragte mich die ganze Zeit: Wer bin ich? Wer bin ich, dass ich meine Mitjünger hier in diesem Überlebenskampf alleinlasse? Wer bin ich, dass ich Jesus für mich alleine in Anspruch nehme? Wer bin ich, dass ich in dieser Situation so etwas Beklopptes und ehrlich gesagt auch völlig Überflüssiges austeste wie die Möglichkeit, auf dem Wasser zu laufen, anstatt Jesus in Ruhe zu lassen, damit er den Sturm stillen oder auf wundersame Weise das Boot an Land befördern kann? Wer bin ich?

Ohne, dass ich wirklich Macht darüber gehabt hatte, schlugen wohlbekannte Denkmuster zu. Ich war (zumindest in der von mir gewählten Rolle) Jünger, und zwar einer von zwölfen und als solcher nichts Besonderes. Ich hatte meine Pflicht, und die lautete gerade: Wasser schöpfen. Dabei winkten mir zwei Antreiber vom Ufer aus fröhlich grinsend zu: Sei perfekt – also schaufle weiter, denn das Boot ist längst nicht leer! Und mach es allen recht – denn was sollen denn die anderen denken, wenn du jetzt an dich selbst denkst? Was ich in dieser Situation wollte und worauf es wirklich ankam – nämlich die Begegnung mit Jesus zu suchen und im Vertrauen auf ihn über mich selbst hinauszuwachsen –, wurde regelrecht zur Nebensache, weil ich mir nicht zugestand, es mir selbst wert zu sein.

Die Erkenntnis darüber, dass ich so gering von mir selber denke, war mir zwar nicht ganz neu, traf mich in dem Moment aber mit voller Breitseite. Ich hatte in dieser Situation mit diesem Thema überhaupt nicht gerechnet. Aber Jesus wusste, wie er mich erwischen konnte. Und wie er mir Wichtiges beibringen konnte. Ich durfte ihm und seiner Wahrheit in die Augen schauen. Ich bin ihm wichtig. Er liebt mich und will mein Bestes! So denkt er über mich. Und so darf auch ich über mich denken.

Der Bibelvers über die Wahrheit aus dem Johannesevangelium beginnt noch etwas eher, als ich ihn eben zitiert habe. Die ersten Worte lauten: »Wenn ihr bei dem bleibt, was ich euch gesagt habe, und euer Leben darauf gründet, seid ihr wirklich meine Jünger. Dann werdet ihr die Wahrheit erkennen und die Wahrheit wird euch frei machen« (Johannes 8,31-32; GNB).

Jesus weiß genau, dass das, was er über uns denkt, nichts verändern wird, solange wir nicht unser Leben darauf bauen. Solange sein Denken nicht auch unser Denken wird. Und hier sind wir wieder bei der Sache mit dem Umdenken. Auch wenn es nun nicht länger »nur« um ein paar Erlaubnisse geht, die wir uns unseren Antreibern zum Trotz zugestehen, sondern um die Worte Jesu selbst, wird das Ganze allerdings zunächst nicht einfacher. Alte Denkmuster bleiben machtvoll. Aber Jesus wäre nicht Jesus, wenn er nicht darum wüsste und uns mit dieser Herausforderung alleinließe. Er bleibt nicht in sicherer Entfernung auf dem Wasser stehen und schaut mitleidig zu, wie wir es entweder überhaupt nicht schaffen, das Boot zu verlassen, oder aber nach wenigen Schritten in der Hilflosigkeit unserer eigenen Schwäche versinken. Er ist mehr als eine Ideologie. Mehr als ein toter, weiser Gedanke. Er ist die auferstandene Wahrheit in Person. Und eine Person kann ich kennenlernen. Ich kann ihr zum ersten Mal begegnen und mich auf einen gemeinsamen Weg einlassen. Und ich kann ab diesem Moment immer wieder Zeit mit dieser Person verbringen, mich selbst öffnen und in den Herzschlag des anderen mit einstimmen. Mich prägen lassen vom Wesen des anderen. Mir die neue Wahrheit zusprechen lassen. Und beginnen, sie zu glauben, weil es jemanden gibt, der an mich glaubt. Der alle niederschmetternde Wahrheit über meinem Leben verändert hat, um mich zu verändern.

Jesus weiß genau, dass das, was er über uns denkt,
nichts verändern wird, solange wir nicht
unser Leben darauf bauen.

Wir sprechen hier immer noch von einem Prozess. Beziehung braucht Zeit, und Veränderung ebenso. Aber es gibt Hoffnung.

Wenn nicht ich mir etwas einrede, sondern jemand anders mir etwas zuspricht, dann entsteht eine neue Dynamik. Und Freiheit. Die, die Jesus meint!

Zugegeben – es erscheint etwas ungewöhnlich, sich von Jesus etwas zusprechen zu lassen, denn hörbare Worte von ihm zu vernehmen, ist doch eher selten. Aber mit einem Schuss Kreativität wird es doch ganz real erfahrbar. Zwei Ideen möchte ich Ihnen deshalb an dieser Stelle mitgeben:

1. Nehmen Sie doch noch einmal Ihre Notizen über Ihr Lebensskript und Ihre Antreiber zur Hand. In welchen Situationen des Alltags kommen diese besonders zum Tragen? Welche Lügen sprechen sie über Ihrem Leben aus? Nun überlegen Sie einmal, welche Wahrheiten Gott diesen entgegenzusetzen hat. Was verspricht er in seinem Wort, der Bibel? (Hierzu kann es hilfreich sein, eine Art Konkordanz der Verheißungen[4] zur Hand zu nehmen.) Schreiben Sie Gottes Wahrheiten über Ihr Leben und Ihr Sein auf kleine Zettel und verteilen Sie sie an den unterschiedlichsten Stellen: in der Jackentasche, als Lesezeichen in einem Buch, am Badezimmerspiegel, auf dem Autositz, im Einkaufskorb, neben der Waschmaschine. Nun werden Sie ganz automatisch immer wieder mit dieser oder jener Wahrheit konfrontiert werden!

2. Besonders Psalm 139 spricht davon, wie wunderbar Gott uns erschaffen hat und mit wie viel Liebe und Sorgfalt er über uns wacht. Lesen Sie diesen Psalm

in der nächsten Woche täglich und legen Sie Stift
und Papier bereit. Was fällt Ihnen heute besonders
ins Auge? Was sagt der Text über Sie und was über
Gott? Welche Wahrheiten beinhaltet er? Was können
Sie gut glauben, was fällt Ihnen schwer zu glauben?
Schreiben Sie jeden Tag neue Erkenntnisse auf, die Sie
gewonnen haben, und diese wenigen Zeilen der Bibel
werden zu einer wahren Schatztruhe!

Selbstbewusster Neustart

Noch einmal zurück an den Tisch. Er ist immer noch voll. Das
Chaos ist längst nicht sortiert. Aber in mir sortiert sich einiges. Ich
bekomme neuen Mut und neuen Tatendrang – weil ich wieder ein
Gefühl für mich bekomme. Nicht nur für meine Rollen. Nicht nur
für die Stimmen in meinem Ohr oder in meinem Kopf. Sondern für
mein Herz und meine Seele.

Ich bekomme neuen Mut und neuen Tatendrang –
weil ich wieder ein Gefühl für mich bekomme.

Ich ahne, dass in mir noch immer eine Persönlichkeit liegt, die es
wert ist, entdeckt zu werden, weil ich in der Nähe zu Jesus und im
Licht seiner Wahrheit wieder Nähe zu mir selbst bekomme. Meinen Wert wiederentdecke. Und dieses Neue befähigt mich, nach
und nach aufzuräumen. Auszusortieren. Abzuräumen. Ich bin

froh, dass ich dabei nicht alleine bin, sondern Unterstützung des Höchsten bekomme. Die brauche ich auch, denn das Abräumen wird nicht ganz einfach …

Mir brennt noch ein Gedanke auf der Seele. Beim Lesen meiner eigenen Zeilen beschleicht mich das ungute Gefühl, man könnte mir unterstellen, dass es mir darum geht, ab heute nur noch an sich selbst zu denken und sich selbst der Nächste zu sein, damit das Wohlgefühl sein Höchstmaß erreicht. Ob Sie auch auf diesen Gedanken gekommen sind oder ob er meinem »Mach es allen recht!«- und »Sei perfekt!«-Motor geschuldet ist, sei mal dahingestellt. Aber es ist mir dennoch einfach wichtig, diese kurze Ergänzung hinzuzufügen, auch wenn ich in einem späteren Kapitel noch näher darauf eingehen werde.

Natürlich ist das *nicht* mein Ziel, auch wenn es die Gefahr gibt, auf der anderen Seite vom Pferd zu fallen. Obwohl – in der reinen und echten Nähe zu Jesus besteht diese Gefahr nicht, weil er *immer* auch die anderen im Blick hat. Aber wir sind halt Menschen und schaffen es mit Leichtigkeit, Dinge ins Verkehrte zu biegen. Also: Auf der anderen Seite vom Pferd fallen soll niemand. Stattdessen sollen wir fest im Sattel unseres von Gott gegebenen Wertes sitzen. Und dazu ist es einfach nötig, das eine Bein auf der einen Seite hängen zu haben und das andere auf der anderen. Wir sind geliebt. Geachtet. Von großem Wert. Nicht, weil wir uns das verdient haben. Sondern weil der höchste Gott es so entschieden hat!

Kapitel 4

Reinen Tisch machen –
Vom Tun zum Sein

**Je weniger Dinge man auf Erden wichtig nimmt,
desto näher kommt man den wirklich wichtigen Dingen.**
FEDERICO GARCIA LORCA

**Stell dir vor, du bist schon lange gut, so wie du bist,
und merkst es nicht.**
UNBEKANNT

Auf besagter Konferenz in London, umgeben von tausenden Menschen, beschallt von großartiger Musik und in Erwartung auf inspirierende Vorträge, trifft mich die Erkenntnis wie ein Schlag: Der Tisch muss leer werden! Mein Tisch muss leer werden. Ich trete in eine Art inneren Disput mit Gott. Im Verhandeln war ich schon immer gut.

»Okay, Gott. Dass der Tisch zu voll ist, sehe ich ein. Was soll ich denn runternehmen?«

»Der Tisch muss leer werden!«

»Ja, leerer, ich weiß.«

»Nein. Leer.«

»Ich könnte ein paar Dienste absagen. Okay?«

»Das ist nicht leer.«

»Aber wie soll das gehen?«

»Vertrau mir. Ich bin dabei. Fang an, abzuräumen!«

»Aber das kann ich nicht bringen. Ich werde so viele Menschen enttäuschen. Ich werde mir selbst tolle Möglichkeiten nehmen. Und ich werde es nicht mehr allen recht machen können …«

»Das musst du auch nicht. Darum kümmere ich mich. Du küm-
merst dich ums Abräumen ...«

»Aber wo soll ich denn anfangen?«

»Mach einen Schritt nach dem anderen. Ich werde dir Weisheit
geben, richtige Entscheidungen zu treffen. Noch einmal: Vertrau
mir. Ich gehe mit. Ich liebe dich und ich will das Beste für dich.
Aber der Tisch muss leer werden!«

So oder so ähnlich verliefen die Verhandlungen. In mir tobte
ein Sturm an Gedanken, Gefühlen, Ängsten, Hoffnung, Abenteuerlust, Veränderungswünschen und Sorgen. Und gleichzeitig ahnte ich: Wenn ich diese Chance verstreichen lasse, nehme ich mir
selbst am meisten. So deutlich hatte Gott selten zu mir gesprochen, und nun war es an mir, zu handeln.

Natürlich war mit *abräumen* nicht gemeint, einfach alles über
Bord zu werfen. Wir sprachen ja schon ausführlich über Rollen. Ich
bin Ehefrau und Mutter, und beides sollte ich bleiben. Dazu Freundin, Gemeindemitglied, Angestellte und noch vieles mehr. Auch
in Bezug auf diese Aufgaben war mir klar, dass abräumen nicht
bedeutete, gleich aus allem auszubrechen. Es ging eher darum,
die zu vielen und zu wirren Tätigkeiten meines Lebens zu reduzie-
ren, reinen Tisch zu machen, zu vereinfachen. Denn ich war vom
»Everybody's Darling« zum »Everybody's Depp« geworden. Und
nun sollte ich wieder zu »God's Darling« werden.

Im Hamsterrad

Vielleicht lässt es sich anhand meines beruflichen Werdegangs
konkreter erläutern: Mit 19 habe ich Abitur gemacht und bin
danach für ein Jahr zum Theologischen Seminar Rheinland gegangen, um mich intensiv mit Gott zu beschäftigen. In dieser Zeit
wollte ich mir überlegen, wie es danach beruflich weitergeht. So

weit der Plan in der Theorie. Ziemlich schnell wurde mir an der Bibelschule klar, dass ich meine Zeit und meine Kraft auch in Zukunft gerne in den theologischen Bereich investieren wollte. Darum verlängerte ich das Studium auf zwei Jahre, um eine wirkliche Ausbildung daraus zu machen. Im Herbst 2003 war es dann soweit: Ich begann meinen Job beim Missions- und Bildungswerk Neues Leben als Jugendevangelistin. Zu meinen Aufgaben gehörten das Predigen bei deutschlandweiten Jugendgottesdiensten und Festivals, das Durchführen von Freizeiten und Camps, verschiedenste Seminare und Workshops und sogar ein bisschen Unterricht an meiner alten Ausbildungsstätte. Ungefähr so hatte ich mir meinen Traumjob vorgestellt. Einziger Wermutstropfen waren die weiten Fahrten zu den Diensten und das viele Alleinsein (sowohl in der Vorbereitung als auch bei den Anreisen und manchmal sogar in der Durchführung – denn Teens können ziemlich ungnädig und verschlossen sein, was die Kontaktaufnahme zu ihnen anbelangt ...). Aber damit konnte ich zunächst leben. Mit dem Älterwerden veränderte sich auch meine Zielgruppe: Ich war irgendwann Ende zwanzig und mittlerweile Mutter. Zunehmend wurde ich von Frauenveranstaltungen zu Vorträgen eingeladen. Das ehrte mich sehr, denn ich freute mich darüber, dass meine Gedanken auch hier gerne gehört wurden. Leider blieben die beiden Faktoren »weite Fahrten« und »Einzelkämpfer« bestehen. Hinzu kam, dass zu Hause immer wieder Engpässe entstanden, wenn ich am Wochenende einen Dienst hatte. Mein Mann arbeitet von montags bis freitags und oft mehr als acht Stunden am Tag. Ich musste also meine Vorbereitungen für einen Dienst irgendwie mit meinen Aufgaben als Mama und Hausfrau koordinieren, und das verlangte mir schon einiges ab. Wenn dann endlich das Wochenende kam und wir mal Zeit für uns als Familie gehabt hätten, machte ich mich stattdessen auf den Weg zu Frauenfrühstücken,

Nachmittags- und Abendveranstaltungen. Auch unsere Tochter spürte meinen Druck und reagierte mit unruhigen Nächten auf den Stress, was mir zusätzlich Energie nahm.

Ein weiteres Problem ergab sich: Viele Frauen-Events – welcher Art auch immer – werden hauptsächlich von Frauen jenseits der 50 besucht, Alter nach oben offen. Die Veranstalter, die mich einluden, hegten die Hoffnung, dass eine junge Referentin wie ich Lockmittel für jüngere Besucherinnen sein könnte. Diese Rechnung ging allerdings in den wenigsten Fällen auf. So war ich oft mit Abstand die Jüngste und bekam dies auch durch kritische Blicke und eine gewisse Skepsis der älteren Damen zu spüren. Ganz nach dem Motto: »Was weiß *die* denn schon vom Leben?« Ehrlicherweise musste ich diesen Vorbehalten eine gewisse Berechtigung einräumen. Natürlich hatte ich einige gute Gedanken zu Themen und konnte auch weitergeben, wie Gott die Frauen sieht und was er ihnen zusprechen will. Doch in Lebenserfahrung waren mir die meisten meilenweit voraus! Und so wertvoll und nett diese ganzen Frauen auch waren: Ich fühlte mich bei ihnen völlig fehl am Platz! Die Begleitumstände meines Jobs, die Herausforderungen zu Hause, die Art der Treffen, das Ambiente auf den Veranstaltungen, die Lebensphase der Besucherinnen – all diese Faktoren hatten nichts mit dem zu tun, wofür mein Herz schlug und meine Leidenschaft brannte. Ich wollte Menschen von Jesus erzählen – aber in meinem Kopf sah das anders aus: Die Frauen waren viel jünger, sodass wir einander auf Augenhöhe begegnen konnten, die Beziehungen zu ihnen waren nicht kurzfristig, sondern über eine längere Dauer, herzlich, ehrlich und tiefgehend, der Rahmen war einladend, mit Liebe gestaltet und zum Wohlfühlen und die inhaltliche, äußerliche und geistliche Qualität wünschte ich mir auf hohem Niveau. Eine wertvolle und von Sehnsucht nach mehr geprägte Gemeinschaft vieler bunter und unterschiedlicher Fräulein Wundervoll.

Aber so gut wie nichts davon fand ich außerhalb meines Kopfes wieder. So wurde ich immer unglücklicher in meinem Job.

Doch die Anfragen kamen, und ich bediente sie. Schließlich war ich ja für Gott unterwegs und wer war ich, eine doch offensichtlich gut laufende Arbeit aufgrund meiner Gefühle oder meines Unwohlseins zu unterbrechen? Ich führte sogar eine Liste, auf der alle Dienste der kommenden Monate eingetragen waren, und meine größte Motivation bestand darin, nach einem Dienst einen Haken machen zu können und der nächsten Pause oder dem nächsten Urlaub einen Schritt nähergekommen zu sein.

Irgendwann in dieser Zeit begegnete ich einer Bekannten aus einer anderen Stadt. Sie ist Mitte 60 und erzählte mir, dass sie gerade einen Frauenkreis gegründet hatte. Dort öffneten ihr viele Damen ihr Herz, und sie berichtete mir: »Elli, es ist so traurig. Ich bin umgeben von frustrierten Frauen, die ihr Leben lang nur die Ansprüche anderer erfüllt haben und nun merken, dass es zu spät ist, das Ruder noch einmal herumzureißen und ihre Berufung zu leben!« Diese Worte trafen mich zutiefst, und ich wusste: Meine Zeit ist jetzt! Wenn ich nichts an meinem Leben ändere, werde ich eine genauso alte, frustrierte und unzufriedene Frau!

Interessenkonflikt

Ich kenne und bewundere Leute, die so mutig sind, einfach alles zu ändern. Wohnung kündigen, Job kündigen, in eine neue Stadt ziehen, etwas ganz Neues anfangen. Nicht, weil sie vor etwas fliehen, sondern weil sie wissen, dass sie so ihrer Berufung, ihren Träumen, ihrem Herzen und irgendwie auch ihrer Identität wesentlich näher kommen. Ich bin allerdings ein ganz anderer Typ. In mir schwingen viele Stimmen, Gefühle, Bedenken und Sorgen mit, wenn ich mir vorstelle, etwas Bekanntes, Bewährtes, Gewohntes zu ändern und große Veränderungen herbeizuführen – so sehr mich das Neue gleichzeitig auch lockt. Ich frage mich dann, ob ich nicht viel zu sehr in alten Strukturen verwoben bin und dadurch andere im Stich lasse (Hallo Mach-es-allen-recht-Antreiber!). Ich grüble, ob sich der neue Weg finanzieren lässt. Ich zweifle an meinen Talenten und daran, dass ich den neuen Aufgaben gewachsen bin. Ich befürchte, hinterher zu bereuen, dass ich den Mund so voll genommen und mich mit den neuen Herausforderungen übernommen habe (Guten Tag Sei-perfekt-Antreiber!). Um es auf den Punkt zu bringen: Ich bin wahrscheinlich feige.

Als sich Gott mit mir in London an den Tisch setzte, war mir schnell klar: Mein berufliches Setting steht ganz oben auf der Aufräumen-Liste. Einerseits sehnte ich mich hier am meisten nach Veränderung. Andererseits erschien es mir hier aber auch am schwersten. Dies hatte neben den mir bekannten und oben genannten Bedenken noch eine weitere maßgebliche Komponente: Die Arbeit streichelte – neben allen Herausforderungen – mein Ego. Ich bekam nach den Vorträgen viel Lob. Die Frauen, die vorher so kritisch waren, kamen oft hinterher auf mich zu und bedankten sich für die unerwartet guten Impulse. Meine Gabe zu sprechen und meine Reife trotz des jungen Alters wurden gelobt. Auch bekam ich Anerkennung dafür, dass ich Job und Familie scheinbar so gut unter einen Hut bekam (mein einziger Gedanke dazu: »Wenn ihr wüsstet …«). Die Anfragen wurden immer mehr, die Größe der Treffen nahm zu. Ich wurde als Referentin auf regionalen Frauentagen eingeladen und sogar im Ausland gebucht. Da es nicht so viele junge Rednerinnen in Deutschland gibt, hatte ich eine Bekanntheit erlangt, die mir gewisse Ehre einbrachte. Ich wurde für Artikel in Zeitschriften angefragt oder für das Mitwirken in Buchprojekten. Einmal brachte ich es sogar aufs Cover einer christlichen Frauenzeitschrift. Dies alles tat meinem Selbstvertrauen sehr gut –

zumindest für einen kurzen Moment. Natürlich begann ich, mich mit anderen zu vergleichen und erlebte viele Stiche in Herz und Seele, wenn ich zu bestimmten Dingen nicht angefragt und eingeladen wurde. Ich definierte mich über die Bewertung anderer und lebte für und von meinem Tun, obwohl die Aufgaben nichts mehr mit dem zu tun hatten, was ich eigentlich tun wollte. Es war höchste Zeit, den Tisch abzuräumen! Und natürlich hatte Gott recht: Zwei oder drei Dienste abzusagen – damit war es nicht getan. Der Tisch musste leer werden!

Der Ausblick auf einen leeren Tisch allerdings machte mir große Angst. Als Rednerin und Autorin nicht mehr gefragt zu sein, Veranstalter durch Absagen womöglich zu enttäuschen oder zu verärgern, keine Dienste mehr zu haben, von denen ich berichten könnte – wer wäre ich dann noch? »Hallo, ich bin Elena.« Einfach Elena – und sonst nichts? Was würden die anderen denken? Was sollte ich selber noch von mir halten? Mit was könnte ich mir dann Liebe, Anerkennung, eine Daseinsberechtigung verdienen? Was bliebe dann noch von mir übrig? Wie gesagt: Einige Rollen blieben mir natürlich erhalten. Ehefrau, Mutter, Tochter, Freundin, Gemeindemitglied, zum Beispiel. Aber diese Rollen möchte ich eher mal die »Sein-Rollen« nennen. Was sich signifikant in meinem Leben verändern musste, waren die »Tun-Rollen«.

Ich hatte große Angst davor, mich wie ein Nichtsnutz zu fühlen. Jemand, der niemandem nützt. Weil er (bzw. sie) nichts tut, nichts leistet, nichts beiträgt. Ich hatte Angst davor, rechts und links zu schauen und im Vergleich mit anderen schlechter abzuschneiden. Weil ich nichts vorzubringen hätte, worüber ich meinen Wert definieren und messen könnte. Ich hatte Angst, dass mein Sein nicht wertvoll genug ist, wenn mein Tun wegfällt. Das Abdecken des Tisches brachte meine Sehnsucht nach verdienter Anerkennung in Gefahr.

Ich hatte Angst, dass mein Sein nicht wertvoll genug ist,
wenn mein Tun wegfällt.

Ich kann was, was du nicht kannst

Neid und Vergleichen spielen in meinem Leben leider recht prominente Rollen. Dabei ist es bei mir weniger der Neid in Bezug auf
materielle Dinge. Ich kann anderen gut und gerne ihr größeres
Auto gönnen und auch die Markenjeans bringt mich nicht wirklich
auf die Palme. Sicher schiele ich hier und da etwas sehnsüchtig
auf Möglichkeiten, die andere durch ihren finanziellen Status haben, aber das hält sich in gesunden Grenzen. Ganz anders sieht es
aus, wenn es um Ansehen oder Leistung geht. Auch hier kommen
die inneren Antreiber zum Tragen. Wenn man perfektionistisch
veranlagt ist, steht man unbewusst auch immer in Konkurrenz zu
anderen. Was machen sie? Was können sie? Und kann ich es vielleicht besser? Erst neulich sagte ein Kollege zu mir: »Elli, du hast
einfach ein ganz besonderes Talent, kreativ zu sein und Ideen zu
entwickeln. Ich musste jetzt mit einem Team eine Konferenz planen, und dort hast du mir mit deiner Gabe so gefehlt!« Das ging
runter wie Öl. Tat gut. Machte mich glücklich. (Wem wäre es nicht
so ergangen?)

Dennoch geht es bei mir einen Schritt weiter. Solche Aussagen
werden zu einem Fundament, auf das ich meinen Wert aufbaue.
Sie werden notwendig, um zu überleben. Sie erteilen mir eine
Daseinsberechtigung. Der Umkehrschluss gilt aber leider in gleicher Weise: Was passiert, wenn jemand anders gelobt wird, ich
aber übersehen werde? Oder wenn die Idee eines anderen meiner
vorgezogen wird? Und dies sind noch die handfesteren Beispiele.

Die wesentlich subtileren finden mitten im Alltag statt: Ist der Erziehungsstil der anderen Mutter nicht viel besser als meiner? Ist die Ehe meiner Freundin nicht viel erfüllter als meine? Sind die Gaben meiner Nachbarin nicht viel ausgeprägter, wichtiger, besser als meine? Sollte ich nicht auch die Ziele, Hobbys, Werte, Vorlieben ... anderer übernehmen, weil sie wertvoller sind als meine eigenen? Und so nagt der spitze Zahn des Vergleichens an jedem Fitzel Lebensfreude, der gerade eben noch so sicher erschien. Nebenbei bemerkt: Ob es sich bei dem Thema Neid und Vergleichen im Allgemeinen um Können oder um Besitz handelt, ist schlussendlich austauschbar. Beides wirkt zerstörerisch! Übrigens funktionieren die sozialen Netzwerke dabei wie Öl im Feuer: Wer sich viel mit den Mein-Leben-ist-ja-so-cool-Bildern seiner Freunde auf Facebook und Instagram beschäftigt und tatsächlich glaubt, jeder ihrer Momente würde tatsächlich ständig von einem Weichzeichner und passendem Soundtrack begleitet sein, kann sich nur klein, schäbig und vom Leben vergessen fühlen. Aber das ist doch nicht die Realität! Leider ist »unrealistisch« uns an dieser Stelle meistens völlig egal. Denn Neid hat wenig mit rationalem Denken zu tun. Er ist ja keine bewusste Handlung, zu der wir uns entscheiden, sondern eher ein Gefühl, das sich ungefragt in unser Denken und Empfinden bohrt. Außerdem fokussieren wir uns im Neid immer nur auf eine Sache, die erstrebens- und beneidenswert ist und blenden den ganzen Rest dafür total aus. Wir sehen weder, dass die andere Person für ihren Erfolg vielleicht hart arbeiten musste, noch, dass der oder die andere an vielen anderen Punkten Schwächen oder Defizite hat, auf die wir gar nicht scharf sind.

Selbstcheck

Wissen Sie, ob Sie ein eher neidischer Mensch sind, weil sie eigentliche Nebensächlichkeiten viel zu sehr in den Fokus rücken und ihnen gestatten, ihren Wert zu steigern oder zu mindern? Oder haben Sie Ihren wirklichen Selbstwert fest im Blick? Folgende Fragen können Ihnen dabei helfen:

- Sind Sie dankbar für das, was Sie haben und können oder beschäftigen Sie sich mehr mit den Dingen, die Sie nicht haben oder können bzw. die jemand anders hat und kann?
- Wie gut können Sie anderen ihren Besitz, Erfolg, ihre Gaben und ihr Ansehen gönnen, ohne dabei gleich an sich selbst zu denken?
  Können Sie glauben, dass das, was Sie zur Zeit sind und haben, genau das Richtige für Sie ist, oder kämpfen und strampeln Sie, weil Ihrer Meinung nach Dinge in Ihrem Leben fehlen, die Ihnen aber zustehen würden?

Ein neidischer Mensch zu sein, ist ein deutliches Anzeichen dafür, dass ich meinen eigenen Wert nicht kenne und ihn über Dinge definiere, die dazu nicht geeignet sind. Wir messen Äußerlichkeiten viel mehr Bedeutung bei, als sie haben. Warum kann ich mich nicht am Erfolg meines Nächsten freuen? Weil ich glaube, dass der andere mir dadurch überlegen ist und zu einem attraktiveren Menschen wird als ich. Warum kann ich den anderen in seinen Gaben nicht unterstützen, ohne dabei gleich an mich selbst zu denken? Weil ich Angst habe, dass der andere dadurch mehr wert sein könnte als ich.

Im tiefsten Innern ist das Thema Neid also ein Indikator für unser Sinn- und Identitätsproblem. Unser Neid drückt eine tiefe innere Not aus. Denn wir haben große Sorge und Angst, nicht zu genügen, nicht wertvoll zu sein – am Ende zu dem Schluss zu kommen, dass das Leben oder das Schicksal oder Gott uns berechtigterweise vergessen hat. Wir möchten uns im Vergleich mit anderen besser, wichtiger oder größer fühlen, weil wir uns so sehr nach der Bestätigung unseres Wertes sehnen. Und weil wir so sehr fürchten, uns irgendwann eingestehen zu müssen, dass wir tatsächlich nicht liebenswert und nicht achtenswert sind.

Als Gott mir in London nahelegte, den Tisch abzuräumen, ging diese Therapie für ihn also deutlich tiefer, als bloß meinen zu vollen Kalender zu entschlacken. Er wollte mich auf den Grund meines Seins, auf den Wert meines Wesens zurückführen. Und der lässt sich eben nicht anhand meiner Geschäftigkeit, meiner Leistung oder meiner Nützlichkeit berechnen. Ich bin ein Ebenbild Gottes. Das ist das Geheimnis. Und in diesem Geheimnis liegt auch die Antwort für den Sinn unseres Lebens verborgen.

Als Gott mir in London nahelegte, den Tisch abzuräumen,
ging diese Therapie für ihn also deutlich tiefer,
als bloß meinen zu vollen Kalender zu entschlacken.

Ein anderes Beispiel veranschaulicht unser Dilemma noch deutlicher: Vor einigen Jahren war ich mit meinem Mann auf einer kleinen Insel vor der Küste Malaysias. Dort hatten viele Inselbewohner – vermutlich aus Geld- oder Alternativmangel – eine recht hübsche Dekoration erfunden: Sie hatten alte LKW-Reifen auf den Boden gelegt, bunt bemalt, mit Erde gefüllt und bepflanzt. Durchaus nett anzusehen. Hätte man allerdings mit den Reifen sprechen können, bin ich mir sicher, dass man bei ihnen eine schwere Identitätskrise ausgemacht hätte. Denn sie sind doch zu einem ganz anderen Zweck gemacht worden: nämlich um große LKWs mit hoher Geschwindigkeit über weite Strecken zu tragen. Und ihre Sinnkrise wäre auch nicht verändert worden, wenn man sie mit besonders aufwendigen Mustern bemalt oder hochwertigen Blumen bepflanzt hätte. Ihre Bestimmung wäre trotzdem eine andere geblieben! Genauso ist es bei uns. Egal, wie viele tolle Dinge wir tun oder haben, egal, wie angesehen oder beneidet wir sind: Solange wir nicht unseren eigenen Sinn (oder unsere Bestimmung oder Berufung oder wie man es nennen will) wiederentdecken und leben und darüber unseren Wert definieren, werden wir nie zufrieden sein und zur Ruhe finden.

Selbstwertgefühl versus Selbstvertrauen

Der dänische Pädagoge Jesper Juul beschreibt in seinem Buch »Dein kompetentes Kind«[5] einen spannenden Unterschied. Wir verwenden die Begriffe Selbstwertgefühl und Selbstvertrauen oft synonym. Dies ist in seinen Augen aber nicht korrekt. Das Selbstwertgefühl beschreibt unser Wissen, wer wir sind, und den Frieden, mit uns im Reinen zu sein. Das Selbstvertrauen hingegen handelt davon, was wir können und zu leisten fähig sind. Es ist eher eine von außen erworbene Qualität. Wenn ich ein gutes Selbstwertgefühl habe, fällt es mir wesentlich leichter, mit Enttäuschungen und Schwächen umzugehen. Mir ist es dann möglich, ganz ehrlich zuzugeben: »Na, darin bin ich wohl nicht so begabt!« oder »Das hat wohl nicht funktioniert!« Habe ich ein geringes Selbstwertgefühl, ist mein Urteil nach einer Niederlage wesentlich vernichtender: »Ich habs gewusst. Nichts kann ich. Immer muss ich scheitern!« Es wird sofort meine gesamte Persönlichkeit infrage gestellt.

Das Problem ist, dass unsere Gesellschaft enorm darauf trainiert ist, das Selbstvertrauen zu stärken, nicht aber das Selbstwertgefühl. Das beginnt schon in der frühesten Erziehung. Als Beispiel führt Juul ein Kind an, das für seine Mama ein Bild gemalt hat. Wenn es dieses freudestrahlend mit den Worten »Guck mal, für dich!« präsentiert, bekommt es wahrscheinlich zu hören: »Toll. Du kannst wirklich schon sehr gut malen!« Das Kind war aber gar nicht darauf aus, bewertet zu werden (auch, wenn die Bewertung ein Lob war!). Es wollte einfach nur gesehen werden! Unsere Bewertung führt letztlich sogar eher zu Distanz als zu Nähe, denn das Kind bleibt alleine und zieht den Schluss: Wenn ich etwas gut mache, werde ich anerkannt. Viel sinnvoller wäre es, in die Welt des Kindes mit einzutauchen und Beziehung herzustellen. Man könnte etwas sagen, wie: »So schön! Malen macht richtig viel Spaß, oder?« oder »Danke für das Bild. Erzähl mal, was da alles drauf ist!«. Auf den ersten Blick scheint dies wie Wortklauberei. Ist es aber nicht. Es entscheidet letztendlich mit darüber, wie dieses Kind sich und seinen Wert definieren wird.

Laut Juul sind es vor allem zwei Faktoren, die unser Selbstwertgefühl im Wesentlichen nähren:

1. von jemandem gesehen und akzeptiert zu werden,
2. wertvoll zu sein, ohne uns verstellen oder etwas leisten zu müssen.

Interessant.

Erinnern Sie sich noch, wie Hagar Gott nennt, als sie ihm in der Wüste begegnet? »Du bist der Gott, der mich sieht!« Gott tritt in Beziehung zu ihr, ohne ihr Handeln oder ihre Leistung zu bewerten. Und das fällt Hagar auf, denn das ist sie nicht gewohnt. Und wir sind es leider auch nicht gewohnt. Wir haben gelernt, positive Bewertungen zu generieren, haben dieses Handeln verinnerlicht und sind abhängig davon geworden. Wir brauchen aber jemanden, der *uns* sieht. Nicht unser Tun. Sondern unser Sein. Das wahre Fräulein Wundervoll, das sich unter der Oberfläche verbirgt. Und dieser Jemand ist Gott. Er sitzt an unserem Tisch und möchte mit uns alles abräumen, was auf falsche Art unseren Sinn definiert und unseren eigentlichen Wert verschüttet.

Wir brauchen aber jemanden, der UNS sieht. Nicht unser Tun.

Auch was den zweiten Faktor angeht – für wertvoll erachtet zu werden, ohne dafür Leistung zu erbringen – kommen wir bei Gott voll auf unsere Kosten. Das kam schon an verschiedenen Stellen in diesem Buch zur Sprache. Aber weil es so wichtig ist (und weil es uns gleichermaßen so schwer fällt, es zu glauben), möchte ich anhand eines dafür vielleicht eher ungewöhnlichen Bibelverses noch einmal darauf eingehen.

In einem Lied, das in Psalm 46 festgehalten wurde, steht in Vers 10: »Seid stille und erkennet, dass ich Gott bin!« (LUT). In meinen Worten heißt das so viel wie: Es gibt einen Gott, und ich bin es nicht! Was das damit zu tun hat, dass Gott uns ohne Leistung und Können liebt, möchte ich gerne in drei Punkten erklären:

1. Es geht viel weniger um mich, als ich möchte!

Ein Grund, warum es mir so schwer fällt, weniger zu tun, ist, dass alles so unglaublich wichtig erscheint und ich oft meine, ohne mich würde die Welt aufhören, sich zu drehen. Na gut, ganz so überzeugt von meinen Taten bin ich vielleicht doch nicht. Aber dennoch spricht mein Handeln genau diese Sprache. Ein anderer Grund, warum ich dauernd renne und mache und tue, ist der, dass ich genauso fürchte, dass die Welt sich ohne mich eben doch weiterdreht und ich in meinem Ausruhen feststellen muss, dass niemand mehr nach mir fragt und die Dinge auch ohne mich ziemlich gut funktionieren. In dieses Loch des Nichtgebrauchtwerdens fallen Menschen oft dann, wenn eine ihrer Rollen wegfällt: Das letzte erwachsen gewordene Kind zieht aus, und ich werde nicht länger als Mutter gebraucht (zumindest nicht mehr so intensiv wie bisher). Meine Rente beginnt, und das Unternehmen, in dem ich beschäftigt war, geht tatsächlich trotz meines Ausscheidens nicht zugrunde … Immer wieder werde ich in meinem Leben feststellen (egal, ob durch einschneidende Veränderungen oder weniger spektakuläre Erlebnisse), dass es viel weniger um mich geht, als ich möchte. Hier schreit wieder meine Sehnsucht nach Anerkennung und Achtung mit ihrer lauten Stimme in die Welt hinaus – und bleibt doch irgendwie ungehört. Ich bin nicht Gott. Nicht mal ein Göttchen. Werde es nie sein. Diese Erkenntnis tut weh … aber:

2. Es geht viel weniger um mich, als ich fürchte!

Und das hat auch das Potenzial für überdurchschnittlich große Entspannung. Wenn ich glaube, Gott zu sein und die Welt (zumindest meine kleine Welt) und alles, was in ihr ist, überwachen und am Laufen halten zu müssen, stehe ich ganz schnell am Rande der Überforderung. Wenn ich diesen Trugschluss aber aus meinem Denken und Handeln verabschiede, darf ich durchatmen. Ich bin nicht Gott und muss es auch nicht sein. Weil es einen Gott gibt, der diesen Job sowieso viel besser macht als ich (wenn ich das mal in so saloppe Worte fassen darf). So vieles hängt eben nicht von mir ab. So vieles findet auch ohne mich statt. Ich darf also getrost die

Hände mal in den Schoß legen. Zur Ruhe kommen. Still werden. Und zwar im Angesicht dieses Gottes, der nie die Hände in den Schoß legt. Der mich sieht. Der um meine Gaben und Grenzen weiß. Der niemals vorhatte, mich zu überfordern. Und es auch nicht tut. Der mir die Hand auf die Schulter legt. Mir seine Schulter anbietet. Seinen starken Arm. Und vor dem ich frei und ohne Scham bekennen darf: Du bist Gott – und ich nicht! Und in dessen Blick ich dann erkennen darf:

3. Es geht viel mehr um mich, als ich ahnte!

Ich kann mich von manchen meiner Rollen nicht frei machen. Ich werde nie ohne sie sein. Dennoch erlebe ich diese alles zerfressende Unsicherheit, dass ich mir nur durch das Erfüllen der Rollen und Ansprüche an mich niemals dauerhaft die Anerkennung sichern kann, die ich so sehr brauche, um mich wertvoll zu fühlen. Um meine Identität erfassen zu können. Um satt zu werden. Aber was habe ich denn schon zu erwarten, wenn ich nichts leiste, nichts vorweise? Eigentlich nichts – sagt diese Welt. Dennoch alles – sagt Gott. Aber er schreit es nicht. Er flüstert es vielmehr. Damit ich es nur höre, wenn ich still werde. Alle Geschäftigkeit sein lasse. Meinen Blick ihm zuwende. Und mein Ohr. Damit ich erkenne, dass er Gott ist. Weil er die wirklich wichtigen Aufgaben in dieser Welt übernimmt. Und weil er die wirklich wichtigen Wahrheiten in mein Leben spricht. Nämlich diese: Du bist gesehen. Geachtet. Geliebt. Du bist mein!

In dieser Tatsache steckt alles, was ich brauche. Jede Art des Seins, die ich in dieser Welt erreichen kann, ist von etwas abhängig. Reichtum von Geld. Anerkennung von Leistung. Liebe von Liebenswürdigkeit. Und all das ist endlich, weil es begrenzt ist. Aber das Sein, die Identität, die ich außerhalb von dieser Welt bekommen kann, ist von nichts anderem abhängig als nur von Gott. Und er ist ewig. Das heißt, dass mein Sein durch sein Sein endlich dauerhaft definiert wird. Ich bin sein! Für immer! Und diesem Sein kann ich durch mein Tun überhaupt nichts hinzufügen. Denn mein Tun ist endlich, mein Sein in ihm ist aber unendlich. Äpfel und Birnen. So ungefähr verhält es sich. Die einen wachsen nicht am Baum des anderen. Du bist mein. Ich bin sein. Wenn ich mich dafür entscheide. Wenn ich Gott wieder Gott sein lasse – Gott in dieser Welt und Gott in meinem Leben. Dann ist die Grundlage für unsere Identität gelegt. Dem brauchen wir nichts hinzuzufügen.

Und jetzt noch mal in praktisch

Gerade wedelt die chinesische Enzyklopädie an mir vorbei. Das klingt ja alles sehr poetisch, wenn nicht sogar philosophisch. Aber was habe ich denn davon? Was ändert das an meinem dauerhaften Bestreben, Mutter oder Mitarbeiterin oder Gotteskind oder was auch immer des Monats zu werden? Ganz ehrlich: Im ersten Moment wahrscheinlich tatsächlich erst einmal nichts. Denn etwas zu hören, heißt noch lange nicht, dass ich es auch verstehe. Begreife. Durchdringe. Und noch viel weniger, dass diese Wahrheit mich durchdringt. Aber dabei muss es nicht bleiben. Erinnern Sie sich: Im Bild wird der Tisch zunehmend leerer. Das Chaos weicht, auch wenn das Abräumen nicht leicht ist. Aber die neue Ordnung lädt dazu ein, sich zu setzen. Durchzuatmen. Zu verweilen. Ins Gespräch zu kommen. In Beziehung zu treten. Mit diesem Gott, der die Wahrheit ist. Und unsere Wahrheit verändern kann.

Diese Begegnungen können ganz vielfältig aussehen. Die Bibel lesen, gerne auch ergänzt durch gut erklärende Literatur. Das einfache Gespräch mit Gott suchen, unser Herz ausschütten und in Gottes Herzschlag mit einstimmen. Inspirierende Bücher von

Autoren lesen, die auch mit Gott unterwegs sind. Worship-Lieder hören und singen. Tagebuch schreiben. Malen. Wichtig ist nur eins in dieser Zeit: To-dos müssen weichen, damit »To-bes« Platz bekommen. Gott braucht Gelegenheiten, in denen wir ihm die Chance geben, unser Herz zu erreichen und unser Denken zu transformieren. Immer wieder!

Zum Glück ist er dabei viel geduldiger als wir. Was er einmal gesagt hat, sagt er auch noch ein zweites Mal. Und ein drittes. Mehr noch: Seine Güte und Gnade sind jeden Morgen neu. Auch die Gnade, immer noch nicht Verstandenes wieder und wieder zu wiederholen. In unser Herz zu pflanzen. Und die harte Kruste unserer für die Wahrheit abgestumpfte Seele aufzubrechen, damit das neue Pflänzchen nicht im Keim erstickt wird.

Wie wir im letzten Kapitel gesehen haben, braucht die Wahrheit aber auch unseren Glauben, damit sie die Kraft bekommt, etwas in unserem Leben zu verändern. Und damit ist nicht nur der Glaube im Sinne des Fürwahrhaltens gemeint. Wir müssen uns drauf einlassen. Ausprobieren. Das sichere Boot verlassen. Den vollen Tisch abdecken. Denn nur dann kann etwas Neues entstehen. Nur dann kann sich mein Denken verändern. Nur dann kann das Pflänzchen Wurzeln bekommen und zu einem großen Baum heranwachsen. Darum möchte ich Sie zu einem … sagen wir … Experiment einladen.

Eine Woche. Sieben Tage. Das Experiment sieht so aus: Nehmen Sie Gott in dieser Zeit beim Wort! Welches Wort, das ist dabei fast egal. Aber glauben, probieren, testen, fordern Sie das, was Gott Ihnen zuspricht. Konkret könnte das in etwa so aussehen:

> Am Morgen nehmen Sie sich mindestens fünf
> Minuten Zeit mit Gott am Tisch, damit er zu Ihnen
> sprechen kann. Durch ein Bibelwort, das Sie lesen,

ein Lied, das Sie hören, einen Gedanken, den Sie
in Ihrem Herzen entstehen lassen. Zum Beispiel den
Vers von oben, Psalm 46,10.

- ☺ Dann überlegen Sie sich, was nötig wäre, damit
dieser Gedanke oder Vers heute an diesem Tag
Platz in Ihrem Leben finden kann. Bei dem Psalm
könnte das bedeuten, sich Punkte zu setzen, an
denen Sie bewusst still werden. Vielleicht zu jeder
vollen Stunde. Oder kurz vor jeder Entscheidung,
die Sie zu treffen haben. Oder immer, nachdem Sie
telefoniert haben. Oder oder oder ... Praktizieren
Sie diesen Tag lang Ihr Vorhaben.

- ☺ Setzen Sie sich am Abend erneut mit Gott an den
Tisch. Kommen Sie mit Gott ins Gespräch über das,
was Sie erlebt haben. Ganz allgemein und speziell
in Bezug auf Ihr Experiment. Wurden Ihre Erwartungen enttäuscht? Übertroffen? Völlig anders erfüllt als
gedacht? Wie haben Sie Gott erlebt? Was hat der
Tag an Ihrem Gottesbild bestätigt? Was verändert?
Können Sie aus Ihren Erfahrungen etwas mit in den
neuen Tag, die neue Woche, die Zukunft nehmen?

- ☺ Und zum Schluss: Würde es Sinn machen, das Experiment mit demselben Gedanken oder Vers morgen zu wiederholen? Oder ist etwas Neues dran?

Ich kann an dieser Stelle keine Prognose abgeben, was sich in Ihrem Leben ändern wird. Es wird sogar so sein, dass bei jedem etwas anderes passiert. Vielleicht geschieht auch an einem Tag ganz
viel, an einem anderen scheinbar gar nichts. Aber eines ist sicher:
Es wird etwas passieren. Gott ist treu. Sein größter Wunsch ist es,
dass wir uns nach ihm ausstrecken, ihn suchen, bitten, bestürmen,

ihm vertrauen und unser Denken von ihm durchdringen lassen. Möglicherweise wird das, was passiert, viel leiser und unscheinbarer wirken, als wir dachten.

Ich habe einmal eine Woche meines Lebens ganz speziell mit den Versen aus Römer 12,1-2 verbracht. Dort geht es darum, dass wir Gott unser ganzes Leben zur Verfügung stellen sollen und dass Gott unser Denken und Handeln verändern will, damit wir in einen neuen Menschen verwandelt werden. Jeden Morgen las ich diesen Text und jeden Morgen formulierte ich ein Gebet daraus, in dem ich Gott sagte, dass genau das mein Wunsch sei und er nun alles tun dürfte, um es zu erreichen. Ich war mir ganz sicher, dass Gott von meiner Idee so begeistert sein müsste, dass ganz großartige Sachen passieren und nach dieser Woche alle denken würden: »Wow, faszinierend, was mit Elli passiert ist. Sie ist so anders, so heilig…!« Aber, was soll ich sagen: Nichts davon traf ein. Niemand wollte mir einen Orden für außerordentliche Verdienste verleihen, und mein Anders-Sein beschränkte sich darauf, jeden Tag Tagebuch zu schreiben (denn ich bin so gar kein Tagebuch-Schreiber), um meine (Nicht-)Erlebnisse festzuhalten. Nach der Woche war ich ziemlich frustriert. Aber als ich alles noch einmal Revue passieren ließ, fiel mir etwas ganz Wesentliches auf: Ich hatte doch viel gelernt! Zum Beispiel, dass »zur Verfügung stehen« auf meiner Seite durchaus auch viel mit Passivität zu tun hat (was einem Macher wie mir extrem schwerfällt) und eben dem anderen das Recht einräumt, über mich zu verfügen – sprich: er entscheiden darf, was mit mir passiert und was nicht. Und das war nur eine von verschiedenen Erkenntnissen.

Lange Rede, kurzer Sinn: Probieren Sie es selber aus! Haben Sie Mut und starten Sie mit Abenteuer- und Entdeckerlust! Gott steht zu seinem Wort! Und er möchte unser Sein auf ein sicheres, tragfähiges und alltagstaugliches Fundament stellen!

Mit den Füßen scharren

Der Tisch muss leer werden. So viel war mir klar geworden. Da sich in erster Linie beruflich etwas ändern sollte, stand mir ein Gespräch mit meinem Vorgesetzen bevor, vor dem ich ziemlich Bammel hatte (also nicht vor meinem Vorgesetzen, sondern vor dem Gespräch). Ich malte mir aus, wie ich ihm sage, dass ich in Zukunft nicht mehr das machen möchte, was ich bisher getan hatte. Und dass Gott mir diesen Schritt ganz klargemacht hatte. Ich sah ihn förmlich vor mir, wie er freundlich lächelnd entgegnet: »Oh, das klingt spannend. Was möchtest du denn stattdessen tun?« Und wie ich dann etwas unsicher stammle: »Tja, wenn ich das wüsste ... Ich glaube, erst einmal nichts ...!«

Den Tisch abzuräumen, ist nicht leicht. Es wird viele Menschen – uns selbst eingeschlossen – geben, die wir damit verwirren oder bisweilen sogar vor den Kopf stoßen. Dinge zu lassen, die wir bisher immer getan haben und dafür keine bessere Begründung zu haben, als: »Das ist jetzt für mich dran!«, klingt lahm und willkürlich. Vor allem dann, wenn die Dinge, die wir nun lassen wollen, an sich gar nicht verkehrt oder sogar ganz im Gegenteil fromm und gut sind. Dies ist der beste Nährboden für Selbstzweifel. Wenn wir zumindest krank wären oder ein diagnostiziertes Burnout hätten, würden wir ja gar nicht anders können, als Dinge zu lassen. Wir sind aber nicht krank. Wir könnten also durchaus alles weitermachen. Und so nistet sich eine feine und durchdringende Stimme in unserem Seelenohr ein, die immer wieder Entscheidungen infrage stellt. Bist du dir sicher? Und was, wenn alles nur ein Hirngespinst war? Willst du mit solch wenig handfesten Gründen wirklich anderen gegenübertreten? Was sollen sie denn sagen? Von dir denken? Leider sind wir an dieser Stelle meist wenig selbstbewusst. Warum räume ich anderen die Wichtigkeit ein, bei fraglicher Leistung meinen Wert zu definieren oder infrage zu stellen, wenn Gott ihn doch schon längst festgelegt hat? Und warum räume ich mir selbst so wenig Gewicht ein, wenn ich mir des Redens Gottes eigentlich so sicher war?

Ich führte meinen Dialog mit Gott also weiter:

»Kannst du mir denn sagen, *wofür* ich den Tisch abräume? Was kommt danach? Wofür ist der Platz gedacht?«

»Das ist im Moment nicht wichtig. Für dich ist Abräumen wichtig. Das ist im Moment Information und Aufgabe genug.«

»Wie wäre es denn, wenn ich die in Zukunft freien Kapazitäten nutzen würde, um dieses oder jenes zu tun?«

»Hör zu. Im Moment geht es um das Abräumen. Platz schaffen. Die Leere aushalten. Ich habe ganz sicher vor, freie Plätze wieder zu füllen. Aber nicht jetzt. Mach den ersten Schritt. Und überlasse mir den zweiten.«

Es braucht Mut, wenn man sich von Dingen verabschiedet. Und man braucht die starke Hand und liebevolle Begleitung eines Gottes, von dem man sich sicher ist: Er meint es gut mit mir und er weiß genau, was ich haben und tun soll und was nicht! Und der mein Tun an die zweite Stelle stellt, weil ihm mein Sein so viel wichtiger ist. Der mich nicht in ein Arbeitsverhältnis beruft, sondern in eine Beziehung. Und der sich alle Zeit der Welt nimmt, um mir seine Wahrheit immer und immer wieder ins Herz zu flüstern, bis ich beginne, sie zu glauben und zu leben!

Ich durfte (zu meinem Glück!) durch zwei Ereignisse erleben, wie Gott zu seinem Wort stand und mich in meinem Eindruck bestärkte. Das erste fand noch am selben Tag in London auf der Konferenz statt. Genau genommen auf dem Klo. Durch einen blöden Umstand waren wir an diesem Eröffnungsabend viel zu spät hereingelassen worden. Die Halle war durch viele spontane Tagesgäste viel voller geworden als gedacht, und die Plätze auf den normalen Tribünen waren restlos besetzt. Da wir aber ja bezahlte Tickets hatten, durften wir nach langem Hin und Her in der VIP-Lounge Platz nehmen. Am Ende der Predigt drückte mich meine Blase, und ich suchte die Toiletten auf. Während meines Geschäfts stellte ich fest, dass von innen an der Tür ein Bibelvers aufgehängt worden war. Dort stand: »Mach dein Zelt größer! Spanne deine Zeltdecken aus, ohne zu sparen! Verlängere die Seile und schlag die Zeltpflöcke fest ein!« (Jesaja 54,2; GNB). Größer. Ohne zu sparen. Fest. Kein Wort von Zögern. Bescheidenheit. Angst. Das war für mich ein ganz eindrückliches Reden Gottes, dass ich nicht zaghaft handeln, sondern im Vertrauen auf ihn und seine Weisheit mit festen Schritten meinen neuen Weg gehen sollte!

Die zweite Bestätigung war das Gespräch, das ich kurz darauf mit meinem Vorgesetzten führte. Die Szene, wie ich ihm erkläre, was in London passiert war und was ich in Zukunft ändern möchte, ereignete sich ziemlich genau so, wie sie in meinem Kopf ausgesehen hatte. Doch seine Reaktion war eine ganz andere: »Schön, das klingt gut. Ich möchte dir Mut zu diesen Schritten machen!« »Ja, aber ich kann dir noch gar nicht sagen, was ich stattdessen tun werde?!« »Das macht doch nichts. Damit Neues, Gewichtiges, Inhaltsvolles entstehen kann, ist ein leerer Tisch so nötig. Gott wird den richtigen Zeitplan für dich haben. Und wir werden dich darin unterstützen und freuen uns auf das, was Gott mit dir und vielleicht auch für uns vorhat!« Ich war völlig platt. Mit so viel Freiraum hatte ich nicht im Traum gerechnet. Ich hätte es völlig legitim gefunden, wenn mein Chef Zweifel geäußert hätte oder mir zumindest gesagt hätte, dass ich aber nicht weiter Gehalt beziehen könnte, wenn meine Leistung abnehmen würde. Doch durch diese menschliche Großzügigkeit und das Gottvertrauen, dass hier schon alles richtig läuft, schaute Gott mir einmal mehr mit einem Schmunzeln in die Augen und sagte: »Siehst du? Vertrau mir!«

Kapitel 5

Angst vor dem, was (nicht) kommt –
Gott ist zum Glück so anders

Kurz nach der Konferenz in London erlebte ich eine ganz reale Tisch-Situation. Vor einigen Jahren rief ich mit zwei guten Freunden ein Urlaubsfestival für junge Familien ins Leben. Dieses findet immer im Sommer bei Neues Leben statt und ist eine tolle, anstrengende, vielseitige, wertvolle und herausfordernde Zeit. Die Familien genießen es, dass das Programm so auf ihre Lebenssituation mit kleinen Kindern zugeschnitten ist, und wir vom Leitungsteam genießen es, den Familien Gutes zu tun und dabei zuzusehen, wie Gott ihnen begegnet, sie stärkt, ermutigt und beschenkt. Am letzten Abend gestalten wir immer ein Programm, das noch mal ganz speziell in die Gegenwart Gottes führt und mit verschiedenen kreativen und außergewöhnlichen Elementen einen Raum schafft, der Begegnung mit Gott ganz individuell möglich macht. Für dieses Jahr wollten wir den »Tisch der Gnade« aufbauen (was wir übrigens schon lange vor meinen Tisch-Gedanken auf der Konferenz geplant hatten!). Dies können Sie sich in etwa so vorstellen:

In der Mitte des Raumes steht ein großer Tisch. Dieser ist mit Blumen und Kerzen schön geschmückt. Außerdem ist er überreich gedeckt mit Säften, Wasser, Obst, Kuchen, Schokolade, Brot und vielerlei anderen Leckereien. Es sind viele Plätze am Tisch eingedeckt und um den Tisch herum stehen Stühle, die zum Verweilen einladen. Der Abend läuft dann so ab, dass nach ein paar einführenden Worten über den Psalm 23 (»Du deckst mir den Tisch ...«)

jeder der Freizeitgäste eingeladen wird, so wie er möchte, im Laufe des Abends am Tisch der Gnade Platz zu nehmen. Hier darf er essen, trinken, genießen und einfach sein – so, wie es ihm und seiner Seele guttut. Wichtig ist dabei die Vorstellung, dass der Gastgeber Gott selbst ist und der reich gedeckte Tisch ein Sinnbild dafür ist, wie er uns versorgen, beschenken und stärken möchte. Den ganzen Abend über läuft Lobpreismusik, in die jeder – egal, ob gerade am Tisch oder nicht – mit einstimmen darf.

Wir Mitarbeiter übernehmen den Abend über die Aufgabe, immer dann, wenn ein Gast den Tisch wieder verlässt, das gebrauchte Geschirr abzuräumen und schnell wieder neu einzudecken, damit der Nächste kommen kann. So stehe ich an diesem Abend also am Rand und beobachte, wie einer nach dem anderen zum Tisch kommt, staunt, sich setzt, verweilt, isst, trinkt, genießt, weint, lacht, strahlt und irgendwie verändert wieder geht. Zunächst kann ich meinen Status als Zuschauer und Diener total gut akzeptieren und mich am Wohl der anderen erfreuen. Doch irgendwann schleicht sich leiser Groll in meine Gefühle. Ich beginne, mit meiner Funktion zu hadern und merke, wie sich meine Gedanken verselbstständigen: »Ist doch mal wieder typisch. Gott beschenkt und teilt reich aus – und ich stehe nur als Zuschauer am Rand. Ja, mehr noch: Ich bin die Dumme, die Gottes Segnungen verteilen darf, aber selber nix davon abbekommt. Ist das nicht immer so?« Ich gebe und gebe und gebe und stecke selber zurück, damit andere bekommen. Und was ist mit mir? Wer sieht mich? Welches Stück vom Segenskuchen bekomme ich?« Trauer, Frust und Zorn mischen sich in mir zu einem unheilvollen Gebräu. Tränen steigen mir in die Augen, weil ich einerseits überhaupt nicht so denken möchte, mich andererseits aber tatsächlich so oft übersehen und vergessen fühle. Plötzlich tritt eine Freizeitteilnehmerin an mich heran. Sie nimmt mir ganz selbstverständlich das Geschirr aus der Hand, das ich für das nächste Eindecken schon bereithalte und flüstert mir zu: »So, nun bist du aber mal dran. Ich mach hier für dich weiter. Setz dich!« Ich fühle mich beschämt. Und gleichzeitig beflügelt. Dankbar. Ein bisschen ist es auch wie in einem Traum. Jedenfalls gehe ich wirklich an den Tisch, setze mich und lasse den Tränen freien Lauf. Ich bin dran. Der Gott, der mich sieht, ist hier. Lädt mich ein, ihm zu begegnen. Und ihn besser kennenzulernen. Denn die Sicht auf mich selbst hat sehr viel mit meiner Sicht auf Gott zu tun. Diese »Lektion« ist heute für mich dran.

Ich gebe und gebe und gebe und stecke selber zurück, damit andere bekommen. Und was ist mit mir?

Eingeladen zur Diät?

Als ich an besagtem Abend für eine Zeit am Tisch der Gnade Platz nahm, wurde mir ein weiteres Puzzleteilchen für mein Tisch-Bild geschenkt. Viele meiner Ängste und Sorgen liegen in meinem Gottesbild begründet. Ohne, dass ich es bis zu diesem Zeitpunkt konkret hätte formulieren können, erwartete ich nur wenig von Gott für meine Zukunft. Ich kannte seine Aufforderung, dass ich meinen Tisch abräumen soll. Eigentlich hätte ich mich darüber total freuen können, denn mit dem Status Quo war ich ja absolut nicht glücklich. Außerdem hätte mich die Abenteuerlust packen können, mich auf die neuen Wege zu machen, die Gott längst für mich vorbereitet hat. Dennoch fiel es mir schwer, logische Konsequenzen zu ziehen und praktische Schritte zu gehen.

Warum?

Weil ich tief in meinem Herzen befürchtete, dass ich dann vor einem leeren Tisch sitze, Gott mir ein Glas Wasser und eine trockene Scheibe Brot hinstellt und mir im Weggehen noch kurz Guten Appetit wünscht. Peng. Tür zu. Kein Zynismus in seiner Stimme, auch kein Spott. Vielleicht ein wenig Hetze, weil er sich um so viele Tische von so vielen Menschen kümmern muss. Aber im Wesentlichen scheint er überzeugt davon zu sein, dass das, was nun auf meinem Tisch liegt, sehr viel besser ist als das, was vorher so chaotisch war und dass ich das ganz sicher auch so sehe. Dass dem nicht so ist und dass ich in Steckbriefbüchern damals bei »Lieblingsessen« immer ganz andere Sachen als Wasser und Brot eingetragen habe, das kann ich ihm gar nicht mehr sagen. Weil er leider schon weg ist. Und weil unsere nächste Begegnung wohl noch auf sich warten lässt, und wenn sie dann da ist, dann auch nur ganz kurz sein wird, mit wenig Zeit für ehrlichen Austausch. Also fürchte ich, dass wir erst im Himmel wirklich dieses Missverständnis ausräumen können. Und dass Gott mich dann mit großen Augen anschauen und sagen wird: »Ups, das wusste ich ja gar nicht. Tut mir echt leid! Naja, dann genieße halt jetzt wenigstens die Ewigkeit …«. Und so ziehe ich den Schluss, dass mein chaotischer Tisch immer noch besser ist als der leere. Lieber den Spatz auf dem Teller als die Taube auf der Speisekarte. Festhalten, was ich habe, weil ich nicht weiß, was kommt. Beziehungsweise nicht kommt.

Doch hier, am Tisch der Gnade, zeigt sich mir ein anderes Bild: Der Tisch ist reich gedeckt. Lauter Köstlichkeiten. Aber wichtiger noch als das ist etwas ganz anderes: Ich bin nicht alleine am Tisch. Gott hat mich eingeladen. Und er sitzt mit mir hier. Mit Zeit, mit Ruhe, mit offenen Augen und Ohren. Mit großem Interesse und einem weiten Herzen. Es war auch nötig, den Tisch abzudecken, um wieder einen Blick dafür zu bekommen, wer *am* Tisch sitzt. Alle Ablenkung musste erst einmal weichen, um das Wesentliche wieder in den Blick zu nehmen. Um Zeit zu verbringen mit dem, der mich so sehr liebt, von dem ich aber oft ein so völlig falsches Bild habe. Um den Blick abzuwenden von dem, was mein Leben bestimmt und hinzuwenden zu dem, der es in der Hand hält. Der einen Plan dafür hat – und eine wahnsinnige Sehnsucht nach Gemeinschaft mit mir.

In der Bibel finden wir immer wieder Schlüsselszenen auf Bergen. Mose steigt in 2. Mose 19 auf einen Berg, um Gott zu begegnen und die Zehn Gebote zu empfangen. Die Jünger gehen in Lukas 9,28ff mit Jesus auf einen Berg. Solche Bergzeiten sind meistens ganz zentral. Eine ähnliche Bedeutung hat es, wenn Menschen ihren Kopf heben. In Psalm 123 werden wir dazu aufgefordert, um von oben Gottes Erbarmen zu erwarten. Auch Stephanus wählt diese Blickrichtung während seiner Steinigung (Apostelgeschichte 7,55). Immer geht es darum, aus dem Tal des Alltags auszubrechen, den Blick von den oft niederdrückenden Kleinigkeiten abzuwenden und eine klare Sicht in die Weite zu bekommen. Auf Gott zu schauen. In sein Gesicht. In seine Augen. Und zu sehen, dass er uns schon lange anschaut. In uns hineinschaut. Uns durchschaut. Denn mit dem Blick auf Gott bekomme ich ein anderes Bild von mir und ein anderes Bild vom Leben.

Warum?

Wahrheit und Täuschung

Unsere Welt lebt von Schein und Sein. Der Schein ist dabei oftmals wesentlich beeindruckender, glitzernder, erstrebenswerter als das Sein, das sich unter der Oberfläche verbirgt. Wir pflegen den Außenanstrich, damit niemand ahnt, welche schwarzen Ecken sich tief im Keller verbergen. Wir glänzen hübsch, adrett und geschniegelt in die Welt hinein und sind selbst die Letzten, die sich dieses

Schauspiel glauben. Wir geben vor, mehr zu sein, als wir in Wahrheit sind. Dieses Prinzip der Werbung haben wir so verinnerlicht, dass wir gar nicht mehr bemerken, wie sehr es unser Leben bestimmt. Aber mal ehrlich: Glauben Sie den Leuten wirklich, was sie sagen? Vermuten oder befürchten Sie nicht auch häufig, dass sich hinter schönen Worten doch nur leere Phrasen verstecken und wir im Letzten geblendet werden? Ich habe mir leider eine solche Skepsis in vielen Bereichen meines Lebens zugelegt. Es soll an dieser Stelle nicht um Kritik an unserer Konsumgesellschaft gehen, die diese Blenderei braucht, um zu überleben. Ich möchte vielmehr auf zwei Tatsachen eingehen, die diese gelernte Skepsis in Bezug auf Gott und in Bezug auf uns selbst mit sich bringt.

Wir misstrauen uns selbst

Ich will, kann und brauche überhaupt keinen Hehl daraus zu machen (denn Sie würden mir alles andere sowieso nicht glauben): Auch ich bin eine Blenderin. Meine Geschichten bekommen häufig kleinere oder größere Details dazugedichtet, damit sie erzählenswerter sind. Mein Auftreten ist oft souveräner, cooler, bestimmter, als es in mir drin eigentlich aussieht. Meine Überzeugungen sind oft wesentlich schwächer, als ich es nach außen hin zugeben möchte, meine Zweifel ungleich größer. Diese Liste könnte ich um einiges weiterführen. Der Unterschied zwischen Ihnen und mir: Ich kann hinter meine Fassade schauen. Ich weiß, wo die Wahrheit, die Ehrlichkeit, meine Persönlichkeit Grenzen haben und ich mich auf dünnes Eis begebe. Ich kenne meine Schwächen, Fehler, Nullpunkte. Und ich kenne die Diskrepanz zwischen meinem Sein und meinem Schein. Ganz genau bis ins Detail.

Übrigens ist diese Abweichung nicht immer gewollt. Menschen sehen auch, was sie sehen wollen. Ein Beispiel hat mir das mal sehr deutlich gezeigt: Wir schreiben seit vielen Jahren als Familie einen Rundbrief an Freunde, Bekannte und Unterstützer unserer Arbeit. In diesen Briefen berichten wir, was uns im Job und in der Familie derzeit beschäftigt, begeistert und bewegt. Wie Sie sich vorstellen können, ist es nicht ganz leicht, solche Briefe zu schreiben und den richtigen Ton zwischen »Das sind die Highlights unserer Arbeit« und »Hier findet ganz normales Familienleben statt« zu treffen. Es ist immer nur ein ausgewählter Ausschnitt von dem, was man einer gewissen Öffentlichkeit zugänglich machen möchte. Vom letzten Ehekrach oder dem vollgekotzten Bett unseres Sohnes im vergangenen Monat berichtet man dann vielleicht eher doch nicht … Aber es ist mir sehr wichtig, jedes Mal eine ausgewogene Mischung herzustellen, die sowohl erlebte Höhepunkte, uns umtreibende Fragen, lustige Momente, durchlittene Durststrecken sowie wichtige Gebetsanliegen beinhaltet. Dennoch bekam ich über Dritte eines Tages mit, dass eine Empfängerin unserer Post beschlossen hatte, unsere Briefe nicht mehr zu lesen. Unser Leben käme so perfekt und großartig rüber, dass sie es kaum ertragen könne und sich am Ende nur noch schlecht und neidisch fühle. Das tat mir unglaublich leid, denn dies war das Letzte, was ich mit unseren Berichten bezwecken wollte! Aber ich fürchte, selbst wenn ich in einem persönlichen Gespräch beteuert hätte, wie normal wir sind und wie viele Krisen, Ängste, schlechte Nächte und bange Tage auch wir durchmachen, hätte ich nicht mehr viel retten können.

Nichtsdestotrotz: Ein hübscher Anstrich ist den meisten wichtig. Aber er hat eine enorme Schattenseite: Das Wissen um unser wahres Sein und das Bestreben, nach außen zumindest halbwegs aufgeräumt und gefestigt zu wirken, bewirkt, dass Nähe zu anderen Menschen nicht leicht ist.

Wir fürchten, dass jemand hinter die Mauer schaut, einen Teil der Wahrheit entdeckt und wir Verachtung in seinem Blick bemerken.

Dabei sehnen wir uns doch so sehr nach Anerkennung. Aber die verdienen wir in unseren Augen ja nur, wenn alles weitgehend perfekt ist. Und weil wir wissen, dass dem nicht so ist, holen wir schon wieder den Werkzeugkoffer raus und werkeln an der Fassade herum. Weil wir uns kennen und um unser Schauspiel wissen, misstrauen wir uns und gleichzeitig auch den anderen. Warum sollten sie anders sein als wir? Warum sollten ihre Motive ehrlich sein?

Wir fürchten, dass jemand hinter die Mauer schaut,
einen Teil der Wahrheit entdeckt und wir Verachtung
in seinem Blick bemerken.

Wir misstrauen Gott

Wenn ich nun mir selbst und meinem Nächsten misstraue – wo wir aber doch beide Menschen sind, greifbar, irgendwie fassbar und unperfekt – wie sollte es mir da gelingen, einem Gott zu vertrauen, der alles übersteigt, was ich je verstehen werde, und der von sich sagt, dass er heilig und perfekt ist, und der zu allem Überfluss auch noch allwissend und allgegenwärtig sein soll? Ist er das tatsächlich? Alle Eigenschaften in völliger Vollendung? Geht so was? Oder ist er auch nicht mehr als ein Werbeslogan, der wesentlich mehr von sich verspricht, als er halten kann? Und sollte es tatsächlich so sein: Wer garantiert mir denn, dass er es gut mit mir meint? Dass er seine Erhabenheit nicht ausnutzt? Meine Kleinheit nicht gegen mich verwendet? Mich im entscheidenden Moment nicht im Stich lässt, übersieht, plattmacht? Dass er wirklich vertrauenswürdig ist?

Ein Lösungsansatz wäre, diesen Gott vorsichtshalber ebenfalls auf Distanz zu halten und keine Nähe zuzulassen. Soll er doch sein wie er will – solange es nicht persönlich wird, brauchen mich sein Wesen und sein Charakter nicht wirklich zu interessieren. Leider wählen tatsächlich viele Menschen diesen Weg und scheren sich reichlich wenig um Gott. Auf den ersten und eher oberflächlichen Blick leben sie damit vielleicht gar nicht schlecht, da »Ersatzgötter« wie Besitz, Beziehungen, Macht, Arbeit, Ansehen, Hobbys oder auch Selbstaufopferung zunächst lebensfüllende und -erfüllende Dinge zu sein scheinen. Aber in stillen Momenten werden sie sich eingestehen müssen, dass diese alle zeitlich und räumlich begrenzt sind und nicht zu mehr reichen als zu Hilfsmitteln, die sie vorübergehend von den wirklich zentralen Fragen und dem Hunger ihres Herzens ablenken. Mit ihren Tiefen, ihren Unzulänglichkeiten, ihren Sorgen, ihren Nöten und ihrer Sehnsucht nach dem, was größer ist als ihr Leben, bleiben sie allein. Denn um wirklichen Sinn, Wert und Frieden zu finden, müssten sie sich eben doch auf Gott einlassen.

Wenn ich aber doch lernen möchte, an Gottes Hand zu leben, die Dinge aus seiner Hand zu nehmen, mich in allem, was ich bin und tue, von ihm bestimmen und führen zu lassen, dann *muss* ich ihm vertrauen. Ihm glauben, dass er es gut mit mir meint. Billiger geht es nicht! Ansonsten werde ich immer in der Angst leben, dass ich zu kurz komme oder dass ich verlassen bin, wenn es hart auf hart kommt.

Ich muss lernen, dass er völlig vollkommen ist – in jeder Hinsicht. Vollkommene Gerechtigkeit, vollkommene Liebe. Vollkommene Reinheit, vollkommene Gnade. Von allem alles. Erst dann, erst mitten in diesem Vertrauen, werde ich ein neues Bild von mir bekommen. Denn wenn ich erlebe, dass dieser Gott alles von mir weiß, mein Misstrauen durchbricht genauso wie meine Fassade, mich mit jeder Schwäche kennt und liebt und über jede Grenze hinaus zu mir steht – erst dann werde auch ich mich anders sehen können. Ich werde mich ehrlich sehen können. Ich werde meine Fehler offen anschauen können. Aber die Welt wird deswegen nicht zusammenbrechen. Denn ich werde mich immer noch geliebt sehen können. Ich werde beginnen können, mich selbst zu lieben, weil es mir jemand vorlebt. Weil ich erlebe, dass es möglich ist, trotz aller Fehler und Kratzer und Zielverfehlungen ein wertvoller Mensch zu sein. Weil ich erlebe, dass das Sein eben doch viel mehr zählt als der Schein. Und da fängt mein Leben an, sich zu verändern. Ich werde Nähe zulassen können. Echte Nähe. Ohne Schutz. Ohne schönes Schaufenster. Ich werde Menschen an mich heranlassen können, ohne im Tiefsten zu fürchten, von ihnen verachtet zu werden. Denn es hängt endlich nicht mehr alles von ihnen und ihrem Urteil ab.

Das Urteil über mich ist längst gesprochen und lautet: Gewollt. Gesehen. Geachtet. Geliebt. Gerettet. Für immer. Fräulein Wundervoll – innen wie außen!

Das Urteil über mich ist längst gesprochen und lautet: Gewollt. Gesehen. Geachtet. Geliebt. Gerettet. Für immer.

Wissen und glauben

Bevor Sie weiterlesen, gibt es noch einmal eine Aufgabe für Sie:

- ☙ Nehmen Sie sich einen Moment Zeit und denken Sie einmal über Gott und sich nach. Wer ist Gott für Sie? Lassen Sie zuerst all die eindeutigen, aber vielleicht etwas oberflächlichen Bilder zu.

- ☙ Spüren Sie dann einmal Ihren Gefühlen nach: Sind diese Bilder die, die Sie wirklich auch empfinden, oder sind sie zwar richtig, aber dennoch mehr erlernt und von anderen übernommen?

- ☙ Eine Hilfe dabei kann es sein, sich vor Augen zu malen, dass Sie so mit Gott sprechen, als habe er eine Eigenschaft tatsächlich zu 100 Prozent inne. Zum Beispiel ist Gott Liebe. Reden Sie auch so mit ihm? Wenden Sie sich immer voller Vertrauen an ihn, ohne Scham und ohne Scheu? Oder mischen sich vielleicht Trübungen in diese Eigenschaft?

- ☙ Ein anderer Aspekt ist der, dass Gott allmächtig ist. Spiegeln Ihre Gebete das wider? Wenden Sie sich tatsächlich in jeder Angelegenheit zunächst an Gott, weil Sie von ihm umfassende Hilfe erwarten? Oder machen Sie auch hier Abstriche – aus welchem Grund auch immer?

Ziel dieser Übung ist es, die Karten einmal »auf den Tisch zu legen« und genau hinzuschauen, ob der Gott in unserem Kopf und in unserem Herzen wirklich dem entspricht, wie er sich tatsächlich in der Bibel vorstellt und ob wir unser Leben über die Theorie hinaus ganz praktisch so leben, als sei dieser Gott unser engster Vertrauter. (Mir ist klar, dass wir Gott nie umfassend begreifen werden, und das ist auch gut so – er wäre sonst nicht länger Gott! Dennoch schleichen sich oftmals ziemlich unbemerkt sehr schräge Vorstellungen von Gott in unseren Glauben, und wir tun sehr gut daran, immer mal wieder zu schauen, ob wir nach wie vor an Gott selbst glauben oder nur noch an einen Abklatsch, der von einer Menge Sonderlichkeiten geprägt ist.)

Wer bist du?

Nun sitzen wir hier. Gott und ich. Der Tisch ist leer. Mein Herz schlägt aufgeregt. Meine Gedanken kreisen. Meine Skepsis ist nicht unbedeutend. Die Ablenkungen dagegen sind auf ein Minimum reduziert. Wir haben Zeit. Gott und ich. Der, der mich sieht. Die, die manchmal gar nichts sieht. Der, der alles weiß. Die, die so viel wissen möchte. Der, der alles ist. Die, die immer noch nach ihrem Sein sucht. Und wir lernen uns kennen. Der Herr und das Fräulein. Der Vater und die Tochter. Mit Tiefgang, Ehrlichkeit, Verletzlichkeit, Offenheit. Und viel Sehnsucht.

So fern

Eines meiner größten Trugbilder von Gott ist das, dass er sehr wenig an mir interessiert ist. Er ist weit weg, kennt mich nicht, ist gar nicht da. Nicht in dem Sinne, dass er gar nicht existiert. Von seiner Existenz bin ich immer überzeugt gewesen, und daran gibt es auch nichts zu rütteln. Nein, eher in dem Sinne, dass er nicht für mich da ist. Dass ich mich nicht auf ihn verlassen kann. Dass ich dann, wenn es hart auf hart kommt und ich ihn am dringendsten bräuchte, alleine bin und er mich im Stich lässt. Diese Sicht auf Gott hat in meinem Leben eine Geschichte, und diese hängt unter anderem eng mit der Beziehung zu meinem

Vater zusammen. Da er bereits verstorben ist und ich bis zum Schluss kein solches Verhältnis zu ihm hatte, dass ich Verwerfungen der Vergangenheit mit ihm gemeinsam hätte aufarbeiten können, möchte ich nicht allzu viel darüber erzählen. Aber ich möchte an dieser Stelle von zwei scheinbar unbedeutenden und dennoch so prägenden Erlebnissen erzählen, die – natürlich im Zusammenspiel mit vielen anderen Faktoren – sich ungeahnt stark auf mein Gottesbild ausgewirkt haben. Ich kann mich zum Beispiel daran erinnern, dass ich als ungefähr Zehnjährige meine damals bis zum Po reichenden Haare bis zu den Schultern habe abschneiden lassen. Als ich ganz stolz nach Hause kam und mich meinem Papa präsentierte, bemerkte er keine Veränderung. Sogar, als ich ihm sagte, dass meine Haare ca. 30 cm kürzer seien als vorher, entgegnete er nur: »Echt, so lang waren die?« Ich weiß: Männer auf äußerliche Veränderungen anzusprechen, ist immer ein Wagnis. Dennoch hat es mich damals geschockt, dass mein Vater mich scheinbar nie so eingehend angeschaut hatte, dass er Details meines Aussehens kannte. Eine andere Situation hing mit meinem ersten Handy zusammen. Als ich ca. 18 Jahre alt war, boomten die ersten Mobiltelefone (oh Mann, ich werde alt ☺). Damals wollte ich aber absolut kein Handy haben, weil ich es völlig überflüssig fand, unterwegs zu telefonieren. Dies teilte ich auch jedem mit, der es hören oder nicht hören wollte. Mein Vater wusste auch darum. Dennoch schenkte er mir einfach ein Handy. Ich war richtig sauer! Ich fühlte mich nicht ernst genommen und in meiner Meinung völlig übergangen.

Diese beiden Situationen mögen banal und nebensächlich erscheinen. Zusammengenommen mit vielen anderen Erlebnissen, die ich mit ihm oder auch mit anderen mir eigentlich nahestehenden Menschen hatte, ergab sich aber ein für mich unbewusst schlüssiges Bild: Glaube zunächst keinem, dass du ihm oder ihr wichtig bist. Viele Jahre lang war mir überhaupt nicht bewusst, wie sehr sich Verletzungen im Zusammenhang mit Vertrauenspersonen der Vergangenheit auf mein Gottesbild ausgewirkt hatten. Doch mehr und mehr wird mir heute die Tragweite meiner Erfahrungen klar. Ich habe zum Beispiel häufig die völlig irrationale Angst, dass ich, mein Mann oder eines meiner drei Kinder sterbenskrank werden könnten. Diese Angst ist total unbegründet, da wir uns alle bester Gesundheit erfreuen und in unserer Familie grundsätzlich bisher keine tragischen Krankheitsgeschichten passiert sind. Dennoch wohnt diese tiefe Angst in mir. Warum? Als ich diesen Gefühlen einmal auf den Grund ging, merkte ich, dass auch hier mein Bild von Gott ins Spiel kommt. Wenn ich oder einer meiner Lieben tatsächlich einmal schlimm krank werden sollte, werde ich an der Situation wenig ändern können. Natürlich werden wir zum Arzt gehen oder verschiedene Therapien ausprobieren. Aber diese Möglichkeiten sind sehr begrenzt. Ich werde an den Punkt kommen, an dem ich mit meinen Mitteln nicht mehr weiterkomme und mich auf jemanden verlassen muss, der mehr als ich in der Hand hält. Gott. Mein Vater im Himmel. Aber wie wird das sein? Wenn er meinem irdischen Vater auch nur ein bisschen gleicht (was er nicht tut, mir meine Gefühle aber suggerieren), dann werde ich mich nicht auf ihn verlassen können. Ich werde alleine sein. Und so fürchte ich grundsätzlich Situationen, in denen ich die Kontrolle verliere – aus Angst, dass sich Gottes vermeintliche Abwesenheit und Desinteresse bestätigen könnten.

Natürlich ist es nicht möglich, zu solch einem Gott eine vertrauensvolle Beziehung aufzubauen. Mein Leben in seine Hand legen? Niemals. Meine Identität von ihm abhängig machen? Auf keinen Fall. Wenn unser Gottesbild auch nur einen Hauch von Gottes Ferne beinhaltet, werden wir immer versuchen, die Fäden so gut es geht selbst in der Hand zu halten – auch wenn wir eigentlich wissen, dass wir schlussendlich an unserer Selbst-Rettung scheitern werden. Aber es fühlt sich immer noch sicherer an, als in Gottes löchrige Hände fallen zu müssen.

So nah

Dieser Irrtum über Gott lässt sich natürlich nicht in einem kurzen Gespräch vom Tisch wischen. Was wir über Jahre gelernt haben und was sich tief in unsere Seele eingegraben hat, braucht viel Geduld und auch Arbeit, um wieder mit Wahrheit durchtränkt zu werden. Aber die Mühe lohnt sich. Die Wahrheit wird uns frei machen. Ein erster Schritt kann sein, in die Bibel zu schauen und zu überprüfen, ob sich dort das Bild eines uninteressierten, abwesenden Gottes bestätigt.

Da gibt es den Gott, der die völlig verlassene Hagar mitten in der Wüste sieht (1. Mose 16,7ff).

Gott geht auf Moses Wunsch ein, dass dieser ihn so gerne sehen will. Doch er hält ihm liebevoll die Hand vor die Augen, damit er durch seine Herrlichkeit nicht sterben muss (2. Mose 33,18ff).

Am Bach Krit wird Elia von den von Gott höchstpersönlich geschickten Raben versorgt, um der Hungersnot zu entgehen (1. Könige 17,2ff).

Vier Kapitel lang stellt Gott Hiob Fragen, die ihm helfen, in seiner furchtbaren Situation wieder klar sehen zu können (Hiob 38-41).

Hungrige Löwen müssen Daniel als Mittagessen verschmähen, weil Gott selbst ihnen in Gestalt eines Engels das Maul zuhält (Daniel 6,23).

Der Prophet Hosea muss eine Prostituierte heiraten, Kinder mit ihr zeugen, von ihr verlassen werden und sie wieder zurücknehmen, nur damit das Volk Israel anhand dieses Bildes ganz plastisch vor Augen geführt bekommen kann, wie sehr Gott es liebt (Hosea 1.3).

Und wir lesen von Jesus, der eine einzelne Frau mitten im dichten Gewühl einer riesigen Menschenmasse bemerkt, weil sie voller Sehnsucht nach Heilung sein Gewand berührt hat (Markus 5,25ff).

Dies sind nur einige wenige Ausschnitte aus der Bibel, die aber Teil eines eindeutigen Gesamtbildes sind: Gott kennt alle Details. Er zählt Sterne, Sandkörner, Haare. Er ruft beim Namen. Er kennt Stärken und Schwächen. Er weiß um Vorlieben und Abneigungen. Er fordert heraus, damit Menschen über sich hinauswachsen. Er nimmt Last ab, damit Menschen unter ihr nicht erdrückt werden. Er sucht, er wartet, er befreit und er beflügelt. In Psalm 139 beschreibt David, wie durch und durch Gott uns kennt, liebt und führt. Nichts hat Gott je übersehen, nichts war in seinen Augen je unwichtig. Gott ist nah. Vollkommen nah.

Etwa ein halbes Jahr nach der Konferenz in London durfte ich ganz konkret erleben, wie er Wege findet, auch mir mitten im Unerwarteten zu begegnen. In dieser Zeit ging es mir nicht gut. Die dunkle Jahreszeit schlägt mir oft sehr aufs Gemüt. Hinzu kam ein (bis dahin noch nicht diagnostizierter) extremer Eisenmangel. Ich war schlapp, müde, dünnhäutig und litt an Schwindel. Nachts lag ich oft wach und kämpfte mit vielen Ängsten und Sorgen und tagsüber mit dem damit verbundenem Schlafmangel. Ich betete viel, schrie zu Gott, weinte und bat ihn aus tiefstem Herzen, mir meine Angst zu nehmen und mir Vertrauen zu ihm zu schenken. Jedoch nichts geschah. So ging es einige Wochen. An einem Freitagabend im November hatte ich einen Vortrag bei einer Frauenveranstaltung zu halten, die etwa zwei Stunden von mir zu Hause entfernt stattfinden sollte. Mir graute es vor der langen Fahrt alleine im Dunkeln. Ich ahnte, dass meine Gedanken in dieser Zeit Achterbahn fahren würden und ich mir mit vielen Sorgen die Sicht vernebeln würde. Also versuchte ich, für Ablenkung zu sorgen und fragte verschiedene Freundinnen, ob sie mich vielleicht begleiten würden. Leider hatte keine an diesem Abend Zeit. Hinzu kam, dass mein Mann am selben Wochenende auf einer handyfreien Männerfreizeit war und ich ihn nicht mal ihn von unterwegs anrufen konnte. Je näher der Abend kam, desto mehr stieg regelrecht Panik in mir auf. Als letztes Ablenkungsmanöver kam ich auf die Idee, mir jeweils eine Predigt für die Hin- und die Rückfahrt aus dem Internet herunterzuladen. Ich suchte also die Internetseite des Predigers, der mich auf der Konferenz in London so beeindruckt hatte, und lud mir wahllos zwei seiner Predigten auf mein Handy. Als ich dann im Auto saß, spielte ich die erste Predigt mit dem Titel »God in a manger« (dt. »Gott in der Krippe«) ab. Ich erwartete eine schöne, wohlige Predigt zur Vorweihnachtszeit. Weit gefehlt. Judah Smith sprach von Jesus, der mitten in unsere Schmerzen und unser Leid hineinkam und als armes, hilfloses Kind alles durchgemacht hat, was wir hier auf dieser Erde erleben können. Ich hörte aufmerksam zu. Plötzlich kam der Satz, der mich mitten ins Herz traf: »Meinst du, du liegst nachts wach in deinem Bett und weinst und ich würde dich nicht sehen?« Es war, als säße Gott gleich neben mir auf dem Beifahrersitz und spräche nur zu mir. Mir liefen die Tränen über die Wangen und ich wusste, wie sehr Gott in jedem Moment da gewesen war, wie genau er jedes meiner Worte gehört und jede meiner Tränen gezählt hatte. Und ich wusste, dass ich darauf vertrauen konnte, dass es mir bald besser gehen würde. Einige Wochen danach predigte ich in unserer Gemeinde. Ich wollte von meinem Erlebnis im Auto berichten, weil es zum Thema der Predigt passte. Um den genauen Wortlaut des Satzes, der mich so getroffen hatte, noch einmal nachzuhören und mir aufzuschreiben, hörte ich die Predigt an meinem Schreibtisch erneut. Ich hörte sie nochmal. Und nochmal. Aber der Satz, der mich in meinem Auto an diesem düsteren Freitagabend im November so getroffen hatte, war in diesem Wortlaut während der gesamten Predigt nicht gefallen. Gott hatte tatsächlich in diesem Moment Worte gesprochen, die nur mir galten und mit denen er mitten in meine Welt eingetaucht war.

So kalt

Ein zweites falsches Bild, das ich von Gott hatte, ist dem ersten etwas ähnlich, hat aber dennoch etwas anders gewichtete Komponenten. Wenn ich mir Gott so richtig menschlich vorstelle, fällt mir auf, dass ihm in dieser Vorstellung etwas ganz Entscheidendes fehlt: Emotionen. Ja, er lächelt mal. Und dann und wann runzelt er vielleicht auch die Stirn. Aber im Großen und Ganzen gleicht seine Gefühlspalette eher der eines Felsens. Demnach sind seine Reaktionen auf meine Empfindungen auch sehr moderat. Wenn ich verzweifelt bin, löst das in ihm höchstens einen leicht abgesenkten Mundwinkel aus. Wenn ich mich freue, geht sein Mitgefühl nicht über ein kurzes Kopfnicken hinaus. Wenn überhaupt.

Sich einem solchen Gott wirklich nahe zu fühlen, ist schier unmöglich, denn emotionale Kälte oder Gleichgültigkeit bewirken eher das Gegenteil. Die Herkunft dieser Sicht über Gott ist bei mir nicht ganz so eindeutig und mehr ein Puzzle aus vielen Teilen. Eines davon ist sicher die Frage nach dem Leid in der Welt – sowohl in der großen als auch in meiner kleinen. Wie kann er das zulassen? Aus theologischer Sicht habe ich eine Menge richtiger Antworten dazu während meines Theologie-Studiums gelernt und kann diese bei Bedarf flüssig abspulen. Aber rationale Lösungen sind manchmal für das Herz wenig überzeugend. Über alle Logik hinweg bohrt es immer weiter mit schmerzhaften Fragen: Wenn

Gott doch alle Fäden in der Hand hält, warum sind die Dinge in der Welt dann so ungleich verteilt? Wenn er jeden Menschen gemacht hat, warum erfüllt er meiner Freundin dann nicht den Wunsch, ein Baby zu bekommen? Wenn es Gott nicht an Möglichkeiten mangelt, warum erhört er dann nicht mein Gebet, mich von meiner Migräne zu heilen?

Ich habe vor einiger Zeit das wirklich großartige, inspirierende und absolut wachrüttelnde Buch »Gott braucht dich nicht« von Esther Maria Magnis gelesen. Es hat mich schockiert und mir gleichzeitig für vieles die Augen geöffnet. Ein ganz wichtiger Aspekt dieses Buches ist der, dass es nicht Gottes oberstes Ziel ist, mich in diesem Leben glücklich zu machen und mir jeden Wunsch von den Augen abzulesen. Ich bin fest davon überzeugt, dass dies wahr ist. Es gibt etwas viel Höheres als unser Wohlgefühl. Allerdings stelle ich fest, dass dieser grundsätzlich richtige Gedanke sich bei mir in ein lügnerisches Extrem verkehrt hat, nämlich dieses: Gott ist überhaupt nicht an meinem Befinden interessiert. Wenn er in so vielen Fällen könnte – helfen könnte, ändern könnte, heilen könnte – und es aber trotzdem nicht tut, dann zieht mein Herz den einen Schluss daraus: Gott will nicht, weil ich ihm egal bin. Weil ihn mein Befinden kaltlässt. Weil er nicht daran interessiert ist, mich glücklich zu sehen. Wenn er sich nicht freut, warum sollte es dann für mich von Bedeutung sein? Wenn er keine Trauer empfindet, warum stört sie mich dann?

Wenn Gott also scheinbar unfähig ist, eigene Emotionen zu haben und unsere Emotionen sogar geringschätzt, dann werden wir uns ihm aber auch niemals mit unseren Gefühlen anvertrauen. Wie auch? Im Gegenteil: Wir werden uns für unsere Trauer schämen, unsere Freude als lächerlich empfinden und Angst als Kinderkram abtun. Gefühle werden etwas sein, womit wir selbst irgendwie klarkommen müssen, womit wir aber auf keinen Fall zu Gott gehen können, geschweige denn Verständnis oder Hilfe finden können.

Wenn Gott also scheinbar unfähig ist, eigene Emotionen
zu haben und unsere Emotionen sogar geringschätzt,
dann werden wir uns ihm aber auch niemals
mit unseren Gefühlen anvertrauen.

So voller Leben

Leider ist es nicht ganz einfach, das Gegenteil über Gottes Gefühlswelt zu belegen. Schließlich ist er unsichtbar, und somit sind weder ein breites Grinsen noch eine dicke Träne in seinem Gesicht auszumachen. Doch auch hier kann die Bibel ein erster Spiegel sein, in dem wir Gottes Emotionen ziemlich eindeutig gezeigt bekommen. Ein Text, der mich immer wieder fasziniert, steht in Jeremia 29,11 (GNB): »Mein Plan mit euch steht fest: Ich will euer Glück und nicht euer Unglück. Ich habe im Sinn, euch eine Zukunft zu schenken, wie ihr sie euch erhofft. Das sage ich, der Herr!« Wie viel in diesen wenigen Zeilen steckt, ist unglaublich. Zunächst spricht Gott von einem Plan. Einen Plan muss man schmieden. Dinge durchdenken. Verschiedene Möglichkeiten ausloten. Das kostet Zeit. Zeit des intensiven Beschäftigens mit einer Sache oder einer Person. Gott hat diese Zeit investiert und sich viele Gedanken über sein Volk Israel (an das dieser Text ursprünglich gerichtet ist) gemacht. Dabei ist er zu einem Ergebnis gekommen: Er wünscht sich ihr Glück. Daran ist er interessiert. Und dieses Wünschen, dieses Wollen ist mehr als ein Hoffen, ein Daumendrücken. Er selbst hat den Plan geschmiedet, der das Glück seines

Volkes zum Ziel hat. Aber dieses Glück, dieses Ziel ist nicht eines, was allein Gottes Vorstellungen entspricht. Er möchte seinen Menschen eine Zukunft schenken, wie sie sie sich erhoffen. Das wiederum beinhaltet, dass er die Wünsche, Sehnsüchte, Vorlieben dieser Menschen kennt. Ganz genau kennt. So genau, dass er einen Plan schmieden kann, damit dieses Glück tatsächlich auch erreicht werden kann. Wenn ich diese Zeilen lese und durchdenke, entsteht ein völlig neues Bild von Gott: Ich sehe ihn am Schreibtisch sitzen. Er geht in Gedanken an sein Volk jeden einzelnen Menschen desselben durch. Dabei huscht ihm immer wieder ein Lächeln über die Lippen. Beim Schmieden eines guten Planes für sie runzelt er erst nachdenklich die Stirn. Grübelt. Dann erhellt sich sein Gesicht. Er hat eine Idee. Diese Idee lässt ihn ganz aufgeregt sein. Er ist voller Vorfreude. Er weiß, wie er sie zu ihrem Glück führen kann. Es beginnt ihm in den Fingerspitzen zu jucken. Er rutscht ungeduldig auf seinem Stuhl hin und her, denn er kann es kaum erwarten, seinen geliebten Menschen seinen guten Plan zu unterbreiten, sie mit auf den Weg zu nehmen, erste Schritte schon gleich mit ihnen zu gehen. Er ist gespannt auf ihre Gesichter, möchte Anteil nehmen an ihren Erfahrungen auf diesem Weg. Dass am Ende alles gut werden wird, das weiß er sicher. Und er freut sich unbändig darauf, dieses gute Ende Hand in Hand, Arm in Arm, Schulter an Schulter mit seinen Menschen zu erreichen.

Viele weitere Texte der Bibel sprechen von Gottes Emotionen. Er wird mit Absicht immer wieder sehr menschlich dargestellt, eben damit wir uns klar darüber werden, wie nah er uns in allem ist – auch in unseren Gefühlen. So wird berichtet, dass Gott ein leidenschaftlich liebender (oder je nach Übersetzung auch ein eifersüchtiger) Gott ist (2. Mose 20,5), dass er laut jubelt, wenn er uns sieht (Zefanja 3,17), und dass er zornig wird (2. Mose 32,10).

Jesus ist ebenfalls alles andere als eine blutleere und kalte Persönlichkeit. Er feiert Feste (Johannes 2,1ff), weint über verirrte Menschen (Lukas 19,41), pflegt tiefe Freundschaften (Johannes 11,5), rettet Verlorene (Lukas 19,10), hat Angst (Lukas 22,44), ist müde (Markus 4,38), beruhigt Ängstliche (Matthäus 14,27) und sorgt sich um den Glauben anderer (Lukas 22,32).

Wenn wir meinen, Gott habe für Gefühle nichts übrig, glauben wir einer Lüge. Denken Sie noch einmal an den Anfang: Gott hat in den Spiegel geschaut, als er uns schuf. Wir sind sein Ebenbild. Wie also könnten wir Gefühle haben, wenn er selbst diese nicht kennt? Und wenn er sie als einen Teil seiner selbst in uns hineingelegt hat, dann auch nur deswegen, weil sie ihm wichtig sind und er sie ernst nimmt. Vollkommen ernst.

Wenn wir meinen, Gott habe für Gefühle nichts übrig,
glauben wir einer Lüge.

So geizig

Die Befürchtung, die mich in Bezug auf meinen leeren Tisch befiel – nämlich am Ende an einem leeren Tisch sitzen zu bleiben – hat viel mit einem dritten Trugschluss über Gott zu tun. Es ist die Angst, dass er Gutes maximal in homöopathischen Dosen verteilt. Diese Angst steht wiederum im engen Zusammenhang mit den anderen Fehlwahrnehmungen von Gott. Wenn ich glaube, dass er mich und meine Wünsche und Bedürfnisse gar nicht wirklich kennt, weil er eine große Distanz zu mir hat, und wenn ich außerdem glaube, dass seine Emotionen sich auf ein Minimum beschränken und er auch von meinen Gefühlen wenig bis keine

Ahnung hat, dann gäbe es auch keinen Grund zu erwarten, dass er sich in Großzügigkeit üben könnte.

Zu befürchten, dass Gott eher geizig als verschwenderisch ist, hat großen Einfluss auf meine Gebete und meine Erwartungen an ihn. Schaue ich in meinen Alltag, zeigt sich dies ganz deutlich: Da ist ein Gott, der von sich selbst sagt, dass in ihm alle Schätze der Weisheit und der Erkenntnis verborgen liegen (Kolosser 2,3), dass er der Herr über alles ist, dass es nichts gibt, was nicht in seiner Macht steht – und mein Gebet erschöpft sich darin, ihm für das Mittagessen zu danken und leise nachzuhören, ob er sich eventuell noch um die Rotznase meiner Tochter kümmern könnte. Merken Sie was? Natürlich ist am Dank fürs Essen nichts verkehrt und sicher hat auch das Gebet für den Schnupfen seine Berechtigung – aber ist das alles?

Wenn ich wirklich glauben würde, dass Gottes Wesen verschwenderische Großzügigkeit und Macht beinhaltet, würde ich dann nicht ganz anders beten? Mich nicht mit viel größerer Inbrunst an seine Brust schmeißen und meinen Erwartungen freien Lauf lassen?

Wenn ich wirklich glauben würde, dass Gottes Wesen verschwenderische Großzügigkeit und Macht beinhaltet, würde ich dann nicht ganz anders beten?

So überfließend

Zu den folgenden Zeilen hat mich das Kapitel »Verschwenderische Großzügigkeit« aus dem großartigen Buch »Der ungezähmte Messias« von John Eldredge[6] inspiriert. Er beschreibt dort auf wunderbare Weise das Wesen der Schöpfung und das, was wir daraus über den Schöpfer lernen können. Ich empfehle Ihnen dieses Buch sehr, wenn Sie einmal ganz neu über Jesus staunen möchten. Ich habe für diesen Teil ein paar seiner Gedanken aufgegriffen.

Ein Blick in die Schöpfung gibt uns eine Ahnung davon, wie Gott ist. Schauen Sie sich zum Beispiel einmal eine Handvoll Waldboden an. In dieser kleinen Menge Erde leben mehr Lebewesen als Menschen auf der ganzen Welt. Ähnlich ist es mit einem Tropfen Wasser, den man sich unter einem Mikroskop anschaut. Die Schöpfung wimmelt vor Leben. Immer wieder staune ich darüber, wie viel »Unsinniges« Gott erschaffen hat. Warum färbt sich der Himmel jeden Abend beim Sonnenuntergang wieder neu in unendlicher Pracht? Warum gibt es weit über 500 Hunderassen – die aber alle im Letzten keine wirkliche »Funktion« haben? Aus welchem Grund vollführen Delfine akrobatische Sprünge mitten im Ozean, wo sie nicht mal jemand sieht? Warum gibt es nicht *eine* Pflanze, *eine* Tierart, *einen* Typ Mensch?

Wenn ich ein geschaffenes Werk anschaue, sagt mir das immer auch etwas über den Künstler, der es gemacht hat. Die Musikstücke von Beethoven sind anders als die von Mozart. Die Bilder von Vincent van Gogh sind anders als die von Salvador Dalí. Die Filme von Lasse Hallström sind anders als die von Quentin Tarantino. Aber alle spiegeln etwas davon wider, wie ihre Schöpfer sind. Wenn ich mir also die Schöpfung anschaue, werde ich darin eine Menge über ihren Schöpfer erkennen können. Da ist die Zartheit einer Mimose. Das Tosen eines Wasserfalls. Der Duft einer Kaffeebohne. Die Pracht eines Pfaus. Die Anmut einer Gazelle. Die Weite des Himmels. Die Dunkelheit des Meeresgrundes. Die Kraft eines Adlers. Die Hitze der Sonne. Die Verletzlichkeit eines Babys. Die Vielfalt des Regenwalds. All das widerspiegelt Gott. Seinen Charakter. Seinen Reichtum. Seine Unerschöpflichkeit. Sein Wesen ist unendlich vielfältig. Und wer eine solche Vielfalt und Großzügigkeit in sich trägt, der kann einfach nicht geizig und selbstsüchtig sein. Das eine schließt das andere aus.

Auch die Bibel hat wieder eine Menge dazu zu sagen, dass Gottes Portionen nicht sparsam sind. In Psalm 23 spricht David von saftig grünen Wiesen und frischem Wasser, die der gute Hirte für seine Schafe bereithält. Becher werden von Gott randvoll gefüllt und ein Tisch, den Gott deckt, ist festlich und reich. Die Geschichte von Jesus auf der Hochzeit zu Kana bestätigt dies ganz praktisch. Rechnet man die Menge des Weines einmal um, den Jesus dort aus Wasser macht, kommt man im geringsten Falle auf 600 Liter. 600 Liter! Auch, wenn jüdische Hochzeiten groß gefeiert wurden, so sind 600 Liter immens viel (denn die Leute hatten ja bereits alle Wein getrunken und es handelte sich hier nur noch um den Nachschub)! Aber so ist Jesus einfach. Kleinlichkeit passt nicht zu ihm.

Spricht die Bibel über das Leben, das Gott für seine Kinder bereithält, dann spricht sie einmal mehr von Überfluss (vgl. Johannes 10,32). Leben im Überfluss. Prall. Bunt. Wertvoll. Gut. Ewigkeitstauglich. Nicht klein, grau, dürftig, bescheiden. Aber jetzt einmal kurz halt: Vertrete ich die Meinung, dass wir alle reiche Christenschnösel in Chefetagen mit dicken Autos und teuren Urlauben in der Südsee werden sollen, weil wir uns für alles darunter zu schade sind – und Gott uns schließlich sein Wort darauf gegeben hat? Sicher nicht. Es ist durchaus möglich, Gott auch in der anderen Richtung falsch zu verstehen und zu versuchen, ihn mit seinen Verheißungen vor unseren Es-muss-immer-nur-um-mich-gehen-Karren zu spannen. Dass unser Wohlbefinden nicht sein erstes Ziel ist, bleibt eine Tatsache. Aber hier stellt sich auch die Frage, ob die Erfüllung all unserer Vorstellungen von einem erfüllten Leben tatsächlich so erfüllend ist. Oder ob es nicht viel sinnvoller ist, sich dem Erfinder des Lebens selbst anzuvertrauen, um ihm die Chance zu geben, uns seine Sicht von Überfluss, Erfüllung und Sinn zu zeigen. Einen Versuch wäre es wert …

Auf die Probe gestellt

Soweit zur Theorie. Glauben wir der Bibel, der Schöpfung und Gott selber, dann ist Gott bis ins kleinste Detail an uns und unserem Leben interessiert. Dann empfindet er die ganze Bandbreite der Emotionen. Dann denkt er gute Gedanken über uns und schmiedet gute Pläne für uns. Dann ist von ihm mehr als genug zu erwarten. Doch Theorie reicht in einer Beziehung nicht. Das häufig in der Bibel verwendete Wort »glauben« interpretieren wir oft als ein »für wahr halten« und »sich rational darauf verlassen«. Doch jeder, der ein halbwegs intaktes Herz in der Brust hat, weiß, dass dieses nach seinen eigenen Regeln spielt. Was bedeutete hier die Theorie noch mal? Ach, ja richtig, nichts … Unser Herz will erleben. Empfinden. Sich einlassen. Und diese Dinge gibt es nur in der Praxis. Mitten im Leben. Ein Wissen, das hier nicht erlebbar wird, hat keinen Wert. Am grünen Tisch zu sitzen und Eventualitäten durchzudiskutieren, ist bestenfalls ein Anfang. Aber dann will das Herz sich ins Leben stürzen und gucken, was hier noch tragfähig und verlässlich ist. Darum meint die Bibel mit dem Wort »glauben« eigentlich auch vielmehr ein »vertrauen« und »in Beziehung treten«. Gott kennt unser Herz und weiß, dass wahre Worte allein nicht überzeugend genug sind.

In Maleachi 3,10 fordert Gott uns zu etwas Unglaublichem auf: »Erprobt es doch selbst und erlebt es: Der Herr ist gütig.« Vom Zusammenhang her geht es hier darum, dass die Menschen nicht krampfhaft ihr Geld für sich horten sollen, sondern fröhlich ihren Zehnten an Gott abgeben dürfen, ohne Angst davor haben zu müssen, selber zu kurz zu kommen. Wer das nicht glaubt, darf Gott und sein Wort auf die Probe stellen. Den Test machen. Auch wenn der Kontext ein anderer ist als unser Thema, zeigt sich mir hier doch ein wichtiges Prinzip, das Gott voll und ganz akzeptiert: nämlich, dass wir zweifeln dürfen. Nachfragen dürfen. Mit ihm über unsere Bedenken sprechen können. Und dann eingeladen sind, mutig und beherzt den Sprung in bisher unbekanntes Land zu wagen. Mit dem Herz voran. Und mit dem ganzen Rest gleich hinterher.

Gott weiß ganz genau, dass Glaube sich nicht in schönen Worthülsen erschöpfen darf, sondern sich im Alltag bewähren muss. Weil wir sonst nicht mehr davon haben als ein Buch voller hochtrabender Sprüche mit hübschem goldenen Einband.

· · · · · · · · · · · · · · · · · · ♛ · · · · · · · · · · · · · · · · · ·

Gott weiß ganz genau, dass Glaube sich nicht
in schönen Worthülsen erschöpfen darf,
sondern sich im Alltag bewähren muss.

Darum möchte ich Sie ermutigen, nach intensiven Zeiten mit Gott am Tisch aufzustehen und tatsächlich die Probe aufs Exempel zu machen. Gott auf sein Wort festzunageln. Ihm seine Zusagen und Verheißungen vorzulesen und darauf zu bestehen, dass sie sich in Ihrem Leben bewahrheiten. Ihn zu bitten, Sie mit der ganzen Fülle seines Wesens zu überraschen. Gott kann das aushalten. Ihren Tests standhalten. Manchmal werden wir ganz sicher überrascht sein, weil Gott längst nicht so »funktioniert«, wie wir uns das in unserer Vorstellung so zurechtgelegt hatten. Wir brauchen also die Offenheit dafür, dass Gott nicht nur unsere Bedingungen zu erfüllen hat, sondern dass er sich auf seine Weise zu seinen Zeiten und mit seinen Mitteln zeigen darf. Aber das wird er. Er hat es versprochen!

Ein neues Leben

Zu Beginn dieses Kapitels ging es darum, dass ein neuer Blick auf Gott auch einen neuen Blick auf uns selbst mit sich bringt. Lassen Sie uns diesen Blick doch nun einmal ganz konkret wagen: Da ist ein König, erhaben über alle Könige und von unendlicher Schönheit und Größe, der niemals lügt, der alles in allem ist und für den all unsere Beschreibungen immer zu klein bleiben werden. Und dieser Gott sieht Sie, kennt Sie, achtet Sie. Er weint mit Ihnen, tanzt mit Ihnen, fiebert mit Ihnen mit. Er beschenkt Sie, überrascht Sie, führt Sie hinaus in weites Land. Was macht das mit Ihnen? Was sagt das über Ihren Wert aus? Auch dafür gibt es kaum ausreichende Worte!

Vielleicht nur so viel: Sollten Sie befürchtet haben, dass Sie für niemanden von Interesse sind, dass es notwendig ist, Ihren Wert durch unablässige Leistung zu beweisen, dass Sie im Vergleich mit anderen sowieso immer den Kürzeren ziehen werden, dass Sie Ihr Sein durch perfekt erfüllte Rollen oder dem Gerechtwerden aller Ansprüche ständig aufs Neues definieren müssen – dann ist das schlichtweg eine Lüge. Sie dürfen einen neuen Blick auf sich werfen. Sie dürfen das in sich sehen, was Gott schon längst in Ihnen sieht: Zum Beispiel einen Adler mit dem Potenzial, mit ausgebreiteten Flügeln in den Himmel aufzusteigen (Jesaja 40,31). Oder einen Baum, in dessen üppiger Krone saftige Früchte wachsen (Psalm 1). Oder einen Stern, der am dunklen Himmel strahlt und Licht in die verlorene Welt bringt (Philipper 2,15). Dies sind nur ein paar der Bilder, die Gott als Vergleiche nutzt, um Menschen zu beschreiben, die ihm glauben. Die ihr Leben auf sein Wort gründen. Die durch seine Wahrheit frei geworden sind. Die nichts zurückhalten und alles auf ihn setzen.

Kapitel 6

Werden, wer ich bin – Unterwegs ins neue Leben

> **Lebe das aus, was Gott in dich hineingelegt hat, und du wirst die Welt in Brand setzen.**
> **KATHARINA VON SIENA**

Langsam nähern wir uns dem Ende des Vergleichs mit dem Tisch. Das Chaos wurde zunächst identifiziert, dann wurde es – so wie im jeweiligen Fall individuell richtig und nötig – abgeräumt, und die Personen am Tisch konnten sich neu begegnen. Die große Frage ist nun: Wie geht es weiter? Bleibt der Tisch leer? Wer ist befugt, etwas Neues aufzutischen? Was gehört überhaupt auf den Tisch? Und wie funktioniert das alles in der Praxis? Auf diese Fragen möchte ich – sofern das möglich ist und ich es selbst erlebt habe – nun noch ein paar Anregungen und Antworten geben.

Geht´s jetzt los?

Hier und da ist es schon angeklungen, dass ich nicht so der Hände-in-den-Schoß-Typ bin. Anpacken und machen fällt mir grundsätzlich leichter, als den Dingen ihren Lauf zu lassen und dabei zuzuschauen. Das war auch für mich eine der größten Herausforderungen bei der Lektion, die Gott mir an seinem Tisch beibringen wollte. In Kapitel 4 erwähnte ich schon, dass ich am liebsten direkt erfahren hätte, wofür Gott denn den neu gewonnenen Platz auf dem Tisch wohl nutzen würde, und dass mir gleich 37 Ideen kamen, wofür denn nun endlich einmal Zeit und Raum sein könnte. Doch Eile war hier keine Hilfe – im Gegenteil. Es brauchte Zeit, Geduld und Ruhe, damit ich zuerst die wesentlichen Schritte gehen konnte – nämlich, Gott wieder neu in den Blick zu nehmen, um einen neuen Blick für mich zu bekommen. Und wie Sie sicher erahnen, sind dies sowieso Dinge, die niemals abgeschlossen sind. Ich werde immer Neues über Gott lernen können. Ich werde stets in der Herausforderung stehen, mit mir im Reinen zu sein und mein Handeln auf ein gutes Ziel hin auszurichten. Umso wichtiger ist es, hierbei zunächst zu verweilen. Das Stillsein auszuhalten. Sich selbst Gott hinzuhalten. Zu hören und zu spüren.

Moment ... die chinesische Enzyklopädie klopfte gerade kurz an die Tür. Ganz ehrlich: Wie soll eine solche Ruhe denn mitten im Trubel des Lebens aussehen? Ist ein Leben mit Sinn und Ziel leider nur denen vorbehalten, die als Eremiten dem normalen Dasein in der westlichen Welt entsagt haben? Ich gebe zu: Hier stehen wir tatsächlich vor einer großen Herausforderung. Es ist sozusagen eine Kampfansage an den Alltag. In den wenigsten Fällen werden wir von nun auf gleich entscheiden können, dass wir uns einfach mal eine Auszeit nehmen. In der Regel sind wir dazu viel zu verwoben in die unterschiedlichsten Verpflichtungen und Bindungen. Bei unseren Familien und Kindern werden wir keinen Urlaubsantrag einreichen können, der Arbeitgeber wird uns wahrscheinlich auch kein bezahltes Sabbatjahr gewähren und ein Haufen anderer Pflichten, Ansprüche und To-dos steht wahrscheinlich auch schon wieder auf der Matte. Was also tun?

Zunächst einmal Gott beim Wort nehmen. Damit fahren wir immer richtig! Denken Sie noch einmal an den Vers, den ich bereits in Kapitel 4 zitiert habe: »Seid stille und erkennet, dass ich Gott bin!« Stille werden braucht Zeit. Gott weiß das und dennoch fordert er uns dazu auf. Er tut dies aus zweierlei Gründen: Zum einen hat er die Zeit. Er ist der Herr aller Zeit, steht selber über der Zeit. Und er kann Zeit schenken. In der Regel wird dafür der Zeiger unserer Uhr nicht stehen bleiben. Aber ich habe es mehr als oft erlebt, dass mir die Zeit, die ich bewusst für Gott und die Gemeinschaft mit ihm reserviert habe, mir hinterher nicht gefehlt hat. Es ist paradox und lässt sich nicht wirklich erklären. Aber Sie dürfen es selber ausprobieren. Gott ist gnädig und großzügig. Stellen Sie ihn auf die Probe.

Und das führt zum zweiten Punkt: Unsere Prioritätensetzung ist gefragt. Wir haben 24 Stunden am Tag zur Verfügung. Keine Minute mehr, aber auch keine Minute weniger. Wofür nehmen wir uns diese? Gott ist ein Gott für den Alltag. Er kommt mitten ins Leben, kennt es durch und durch. Er wird also nicht völlig weltfremd von uns verlangen, dass wir acht Stunden unseres Tages in völliger Askese und Kontemplation verbringen. Aber wie wäre es mit einigen Minuten? Und dazu dürfen wir kreativ werden...

Sie fahren jeden Morgen mit dem Auto zur Arbeit? Wunderbar, da haben Sie doch Zeit. Ich habe momentan einen Säugling zu Hause, der mich mindestens vier Mal am Tag dazu zwingt, mich aufs Sofa zu setzen, um ihn zu stillen. Diese Zeit nehme ich mir, um zu beten, ein gutes Buch zu lesen oder immer wieder ein Stück einer Predigt zu hören. Genauso können wir Wäsche falten, kochen, Fußwege oder andere routinierte Tätigkeiten nutzen, um sie zu Ruhepolen in unserem Alltag zu machen. Ja, das ist vielleicht nicht das Optimum. Muss es aber auch nicht sein. Es ist ein Anfang. Besser als nichts. Vielleicht nach einiger Zeit ausbaufähig durch zehn Minuten der Stille und des Gebets vor Tagesanbruch. Oder nach Tagesabschluss.

Wir werden nämlich merken, wie gut uns solche Zeiten tun. Wir werden uns danach sehnen, sie öfter zu erleben, konkreter einzuplanen. Weil hier der zweite Teil des Verses ins Spiel kommt: die Erinnerung daran, dass wir nicht Gott sind, sondern einen Gott an unserer Seite haben. Einen mächtigen König, dem wir uns anvertrauen dürfen und der sich für unsere kleinen und großen Momente interessiert. Der sich sorgt, uns führt, korrigiert, tröstet und weiterbringt. Und aus diesem Wissen heraus werden wir nach und nach lernen, im Vertrauen auf diesen Gott weise Entscheidungen zu treffen. Manchmal unpopuläre Entscheidungen. Aber lebensspendende Entscheidungen.

Siebenmeilenstiefel versus Gänseschritt

Vielleicht setzen wir uns manchmal mit der Erwartung unter Druck, dass Veränderungen im Leben immer spektakulär und weltumspannend sein müssen, damit sich wirklich etwas verändert. Wir waren ein kleines graues, gehetztes Mäuschen und werden über Nacht und für alle sichtbar zur strahlenden »Miss Wonderful«! Ich denke, das stimmt nicht! Als ich damals aus London kam, waren meine Veränderungen zunächst sehr kleinschrittig. Ich fragte mich als Erstes, welche Dinge auf meinem »Tisch« wirklich ungesund sind. Das hieß konkret für mich: Was an meinem Job raubt mir zu viel Kraft? Vielleicht kennen Sie das: Es gibt Aufgaben und Tätigkeiten, die mit großer Verantwortung verbunden sind und uns eine ganze Menge Kraft, Zeit und Einsatz abverlangen. Dennoch laugen sie uns nicht aus, und wir fühlen uns am Ende vielleicht körperlich müde, aber dennoch beflügelt, erfüllt, gesegnet und reich. Auf der anderen Seite gibt es Aufgaben, die eigentlich ungleich kleiner und nebensächlicher sind, doch sie rauben uns jegliche Energie und saugen uns völlig leer.

Im Nachdenken über meine Arbeitsfelder wurde mir klar, dass ich den Reisedienst aufgeben musste. Schon vor Jahren hatte ich mit meiner Mentorin herausgefunden, dass es zwei Dinge in meinem Leben gibt, die mir im Wesentlichen Sicherheit und somit auch Kraft geben: vertraute Menschen um mich herum und eine vertraute Umgebung. Mein Mann nennt mich deshalb immer liebevoll einen kleinen »Homie«. Der Reisedienst widersprach diesen beiden Grundfesten meiner Sicherheit und Kraftquelle zu 100 Prozent.

Ständig war ich allein unterwegs und bei Menschen, die mir völlig fremd waren. Kein Wunder eigentlich, dass ich oftmals nach einem Vortragsabend erschöpfter nach Hause kam als nach einer einwöchigen Freizeit im Neues Leben-Zentrum bei uns vor Ort, die ich geleitet hatte. (Denn hier befand ich mich auf gewohntem Terrain, umgeben von Menschen, die mir zwar zu Beginn der Freizeit noch fremd waren, die ich im Laufe der Zeit aber immer besser kennenlernen konnte und mir vertraut wurden.) Außerdem passte der Reisedienst auch in keinster Weise zu meiner derzeitigen Lebensphase: Konflikte als Ehepaar, weil wir viel zu wenig Zeit füreinander hatten und Engpässe mit den Kindern waren nur zwei der Probleme, die immer wieder auftraten. Nach einem Gespräch mit meinem Vorgesetzen konnten wir einfach eine Schwerpunktverlagerung festlegen: Es gab genügend Aufgaben, die ich vor Ort ausführen konnte und die sowohl meinen Gaben als auch meinen Bedürfnissen entsprachen. Ich musste also nicht gleich kündigen und einen neuen Job erlernen. Viele haben die Veränderung sogar zunächst gar nicht wahrgenommen, aber für mich, meine Familie und meinen Alltag änderte sich Grundlegendes!

Dann überlegte ich weiter, was alles zu dem Chaos auf meinem Tisch geführt hatte. Welche sonstigen Aufgaben in meinem Leben tat ich nur, um Wünsche anderer zu erfüllen und vermeintlichen Ansprüchen gerecht zu werden? Sicher ist es zeitweise richtig, hier und da mal als Feuerwehrfrau bei einem akuten Brand einzuspringen und auch mal Dinge zu tun, die wir uns nicht unbedingt aus freien Stücken ausgesucht hätten. Aber das sind keine Lösungen auf Dauer. Wo hatte ich einfach an den falschen Stellen Ja statt Nein gesagt und mich damit langfristig lahmlegen lassen, weil ich dachte, es ginge einfach nicht anders? Auch hier wurde mir im Gespräch mit Gott, mit meinem Mann und mit Freunden schnell klar, wo und wie ich Dinge ändern musste. Und siehe da: Nachdem ich manche Ämter abgegeben hatte und öfter mal Nein statt Ja gesagt hatte, drehte sich die Welt tatsächlich noch weiter – und das gar nicht mal schlecht …

Jetzt mal ehrlich

Bei vielen der Veränderungen war mir im Grunde schon lange klar gewesen, dass sie für mich dran waren. Aber ich hatte nun endlich den Mut gefunden, vor mir und vor anderen ehrlich zu werden. Zuzugeben, wo ich überfordert war. Wo ich Dinge tat, zu denen mir eigentlich entweder die Begabung oder die Überzeugung fehlte. Ich hatte endlich zumindest ein Stück weit die Angst verloren, mit dem Zugeben von Schwächen und dem Abgeben von Aufgaben gleichzeitig auch meine Daseinsberechtigung, meinen Sinn und meinen Wert preiszugeben. Und – Gott sei Dank – war manches viel einfacher, als ich zu hoffen gewagt hatte: Ich bekam Verständnis entgegengebracht, ich hatte Frieden über Entscheidungen, ich konnte neu gewonnene Freiräume wirklich genießen.

Zugegeben: Es klingt in diesen paar Zeilen alles etwas glatter, als es in Wirklichkeit war. Natürlich gab es immer wieder auch Zweifel, ob ich es mir nicht zu einfach mache und ob ich mich vielleicht gerade mit meinen Veränderungsambitionen total auf dem Holzweg befinde und fernab von Gottes Willen agiere. Bei der beruflichen Veränderung kam hinzu, dass mein Terminkalender nach London für weitere eineinhalb Jahre bereits komplett ausgebucht war, sodass ich hier eine Menge Geduld aufbringen musste, um die neuen Prioritäten in die Tat umsetzen zu können. Ich weiß nicht, was Ihnen gerade für Gedanken durch den Kopf schwirren, was bei Ihnen ganz oben auf der Liste der Veränderungswünsche steht und welchen Hindernissen Sie sich gegenübersehen. Vielleicht reichen in Ihrer Situation kleine Schritte auch gar nicht aus, weil tatsächlich ganz beherzte und große Korrekturen dran sind. Jede Situation ist ganz individuell. Aber in jeder Situation sind die ersten beiden Schritte diese: Werden Sie still und erkennen Sie, dass Gott Gott ist. Er hat einen Plan. Er nimmt Sie an der Hand. Er hat die Mittel und er kennt die Wege. Weder Aktivismus noch Resignation helfen weiter. In der Ruhe vor Gott liegt unsere Kraft.

Ich hatte es bereits anklingen lassen, dass es bei aller Veränderung, bei allem »uns wieder nahe kommen« und bei allem »Gott nach neuen Wegen fragen« nicht darum geht, dass wir es uns möglichst einfach und bequem machen. Ganz nach dem Motto: Spülen ist nicht meine Gabe, darum lasse ich das ab heute einfach. Wenn wir eines Tages mit Mose und Paulus bei einer Tasse Kaffee zusammensitzen, wird weder Mose erzählen, dass er 40 Jahre in der Wüste war, weil er sich dort so wohlgefühlt hatte, noch Paulus, dass das Gefängnis genau der Ort war, an den er sich immer schon gewünscht hatte. Dennoch sind ihre unbequemen Leben keine Anleitung für uns, krampfhaft danach zu suchen, wo wir uns möglichst unwohl fühlen, und immer das zu tun, was uns möglichst wenig entspricht.

Lebendig sein

Lassen Sie uns an dieser Stelle doch noch einmal genauer auf eben diesen Punkt schauen: Warum ist es ganz sicher Gottes Wille, dass wir in der Spur laufen, die auch unseren Gaben, Wünschen und Bedürfnissen entspricht? Es wird sehr deutlich, wenn wir die Frage genau umgekehrt formulieren: Wie gut kann Gott einen Menschen in seinem Reich einsetzen, der niedergeschlagen ist, kraftlos und unzufrieden? Wie glaubwürdig und attraktiv ist das Zeugnis eines Menschen für Gott, der von seinen Aufgaben erdrückt wird und unter den Umständen seines Lebens leidet? Und nicht zuletzt:

Werden wir in einem solchen Leben unserer Ebenbildlichkeit Gottes gerecht?

· · · · · · · · · · · · · · · · ♛ · · · · · · · · · · · · · · · ·

Wie glaubwürdig und attraktiv ist das Zeugnis eines Menschen
für Gott, der von seinen Aufgaben erdrückt wird
und unter den Umständen seines Lebens leidet?

»In einem lebendigen Menschen verherrlicht sich Gott«, hat Irenäus von Lyon gesagt. Warum? Weil das Geschöpf auch immer auf den Schöpfer schließen lässt und eine Menge über diesen erzählt. Wenn ich also frohen Mutes in dem Wissen an meine Aufgaben gehe, dass ich eine von Gott geliebte, geachtete, gerettete und wundervolle Königstochter bin und mich an dem Platz befinde, den Gott für mich vorgesehen hat, dann werden Menschen, die erfahren, dass ich Christ bin, doch ein ganz anderes Bild von meinem Herrn im Himmel bekommen. Wenn ich hingegen fernab von meinen Gaben, Talenten und Wünschen mein Dasein friste und vermeintlichen Verpflichtungen nachkomme, die mir alle Kraft und Freude rauben, zieht mein Umfeld gleichermaßen Rückschlüsse über mein Leben als Christ. (Was meinen Sie denn, woher die ganzen Vorurteile über Christen und ihr Leben »im Gehorsam« kommen?)

Gott hat uns geschaffen. Er hat die Ihnen eigene Mischung aus Vorlieben, Ängsten, Fähigkeiten, Wünschen, Grenzen und Gaben genauestens aufeinander abgestimmt und Ihnen anvertraut. Glauben Sie wirklich, er hat das getan, damit Sie sie leugnen und sich selbst kasteien, indem Sie ihnen ständig zuwiderhandeln? Was wäre das für ein Gott? Ich bin vielmehr der festen Überzeugung, dass Gott will, dass wir mit unserem Potenzial zur vollen Entfaltung kommen, und zwar zu seiner Ehre! Sie können singen? Dann singen sie für Gott (was übrigens nicht bedeutet, dass Sie ausschließlich im frommen Rahmen Lobpreislieder singen sollen; wo auch immer und was auch immer Sie singen – das kann zum Zeugnis für Ihren Schöpfer werden, wenn Sie nicht damit hinter dem Berg halten, wer Ihnen diese Gabe geschenkt hat und wem Sie mit der Ausübung Ihrer Gabe gefallen wollen)! Sie können zuhören? Die Welt braucht diese Gabe, und Sie dürfen Gottes Ohr für Menschen sein. Sie lieben es zu kochen und andere zu bedienen? Öffnen Sie Ihre vier Wände und Ihre Küche und laden Sie Leute ein, um sie die Freundlichkeit Gottes spüren und schmecken zu lassen. Sie können gut mit Kindern umgehen? Diese kleinen Menschen brauchen ganz dringend jemanden, der ihnen die Liebe Gottes durch eine Umarmung, ein gemeinsames Spiel oder ein vorgelesenes Buch weitergibt. Sehen Sie? Den Möglichkeiten sind keine Grenzen gesetzt! Die Welt hat unendlich viele Plätze zu bieten, auf denen Menschen mit den verschiedensten Gaben die Herrlichkeit Gottes zur Entfaltung bringen können!

Wissen, warum!

Heißt das, dass sich unser Leben ab jetzt nur noch bei 25°C, wolkenlosem Himmel und unter Palmblattwedeln abspielen wird? Leider nein … Noch einmal: Es geht hier nicht darum, das eigene Ego aufzublasen, der persönlichen Bequemlichkeit zu frönen und alle Unannehmlichkeiten zu vermeiden. Wir sollen nicht zu kleinen Göttern werden, denen die Welt und alle Umstände zu huldigen haben! Es wird auch weiterhin Toiletten geben, die geputzt werden müssen, unangenehme Gespräche, die geführt werden wollen und sogar Gefängnisse, die für Christen reserviert sind, wenn sie zu ihrem Glauben stehen. Das ist die Realität, in der wir leben! Aber wie passen diese beiden Wirklichkeiten übereinander?

Es gibt eine Geschichte in der Bibel, die mich immer ein wenig schockiert zurückgelassen hat. Es ist die sogenannte Fußwaschung aus Johannes 13. Im Groben passiert dort Folgendes: Jesus sitzt mit seinen Jüngern zusammen. Genau genommen liegt er mit ihnen zusammen, denn das war damals die übliche Haltung beim Essen. Sie liegen also zu Tisch und das Essen soll bald serviert werden. Da man damals keine festen Schuhe hatte und den ganzen Tag mit Sandalen durch den Wüstenstaub gelaufen ist, war es üblich, dass vor dem Essen ein Sklave die Runde machte, um allen Anwesenden die Füße zu reinigen. Schließlich konnte man diese ja nicht in Turnschuhen unter dem Tisch verstecken, sondern lagerte sie in unmittelbarer Nähe des Kopfes seines Nachbarn. Ein paar Tropfen reinigenden Wassers waren da schon eine gute Idee! Bei diesem gemeinsamen Essen allerdings hat es der Hausherr oder wer auch immer versäumt, einen Sklaven mit dieser niederen Aufgabe zu betrauen. Das Essen steht also schon auf dem Tisch bereit, die Füße müffeln aber nach wie vor etwas vor sich hin. Also steht Jesus selbst auf, holt eine Schüssel mit Wasser und ein Tuch und beginnt, seinen Freunden die Füße zu waschen. Was für ein Skandal! Diese Aufgabe – erledigt von Jesus? Dem Sohn Gottes? Dem Heiland und Erlöser? Doch nach anfänglichen Widerworten lassen die Jünger an sich geschehen, dass Jesus ihnen auch auf diese Weise dienen darf, damit sie Anteil haben an ihm und an dem, was er bringt (vgl. Johannes 13,8). Gegen Ende dieser Geschichte stehen dann die unerhörten Worte: »Ich habe euch ein Beispiel gegeben, damit auch ihr so handelt, wie ich an euch gehandelt habe« (Johannes 13,15; GNB). Bitte was? Ich? Gibt's da nicht vielleicht jemanden, der das besser …? Wie konnte Jesus das selber tun und es zusätzlich auch noch von uns verlangen? Die ganze Begebenheit der Fußwaschung wird von ein paar Versen eingeleitet, die wir aber irgendwie nicht so richtig zu der Geschichte dazuzählen und gerne mal überlesen. So steht in Vers 3: »Jesus wusste, dass der Vater ihm alles in die Hand gegeben hatte. Er wusste, dass er von Gott gekommen war und bald wieder zu Gott zurückkehren würde« (GNB). Ist Ihnen das kleine Wörtchen aufgefallen, das in diesem kurzen Text gleich zweimal und zusammen mit Vers 1 gleich dreimal vorkommt? Jesus wusste. Er wusste, dass der Vater ihm alles in die Hand gegeben hatte. Das heißt, er wusste, wie sehr er wertgeachtet war. Wie sehr Gott hinter ihm steht. Welche Rolle ihm in dieser Welt zukommt. Was seine Berufung ist. Er wusste, dass er von Gott gekommen war. Das heißt, er kannte seinen Schöpfer. Er wusste, dass er mit liebevoller Hand erschaffen worden war. Dass es einen Plan für sein Leben gibt. Dass er kein Zufall ist. Dass er von seinem Wesen her wertvoll ist. Dass er ein Ebenbild des höchsten Gottes ist. Und er wusste, dass er bald wieder zu Gott zurückkehren würde. Das heißt, er kannte sein Ziel. Er wusste darum, dass es in seiner Berufung um Wichtigeres ging, als darum, im Vergleich mit anderen besser abzuschneiden. Er hatte den Himmel fest im Blick. Sein Leben galt der Ehre Gottes!

Jesus wusste ganz genau, wer er war: der geliebte, geachtete, gesehene, gebrauchte und berufene Sohn des Höchsten. Nichts, was er tat, konnte daran etwas ändern. Sein Wert lag in seinem Wesen und nicht in seinem Tun. Dieses Wissen hat ihn aber nicht überheblich gemacht, sondern zu der Überzeugung geführt, dass es kaum eine Aufgabe gibt, für die er sich zu schade und zu fein ist. Mit dieser Gewissheit konnte er sich der Welt schenken. Er konnte einen Sklavendienst ausüben, ohne dauerhaften Schaden an seinem Selbstwert zu nehmen. Er konnte den Platz ausfüllen, den Gott für ihn vorgesehen hatte. Dieser umfasste viel Schönes – er durfte Menschen heilen, Feste feiern, Freundschaften pflegen, lehren und Wunder tun. Genauso gab es auch Herausforderndes – die Pharisäer hatten ihn dauernd auf dem Kieker, seine Jünger verstanden ihn häufig nicht, er musste Streits schlichten und unschöne Wahrheiten laut aussprechen. Und auch Trauriges und Schweres fehlten nicht – er kannte Leid, Schmerz, Verlassenheit und Tod. Aber nichts von alledem änderte etwas an seiner Berufung, an seinem Wert oder an seinem Ziel. All das lag in Gott, und er wusste darum!

Zur richtigen Zeit am richtigen Ort

Aber noch einmal: Hat Jesus sich deswegen herumschubsen lassen, um Everybody's Darling oder Depp zu sein? Hat er sich in tausenderlei Ansprüchen und Anfragen verstrickt, weil er für jeden immer alles und das auf einmal sein wollte? Nein! Er hat Menschen liebevoll, aber bestimmt zurückgewiesen (sogar seine eigene Mutter in Johannes 2,4), hat sich zurückgezogen (z. B. in Matthäus 14,23) und längst nicht alles getan, was man so von ihm wollte (z. B. in Matthäus 27,12-13). Er hat Gott seinen Platzanweiser sein lassen und ihm mehr gehorcht als den Menschen. Dies ist der sicherste Weg, um das eigene Handeln nicht von der Attraktivität der Aufgabe, der Aufdringlichkeit des Anfragenden oder der Belastbarkeit des eigenen Gewissens abhängig zu machen. Und er gibt uns die Gewissheit, in der Spur unserer Berufung zu laufen, weil Gott uns so genau kennt. Wenn wir an dem Ort sind, an dem Gott uns haben möchte, werden wir im tiefsten Innern völligen Frieden erleben. Deswegen konnte auch Paulus im Gefängnis sein und dort singen, anstatt zu klagen und sich bei Gott zu beschweren. Er wusste, dass es für ihn gerade keinen besseren Platz auf der Erde gab, an dem er sein konnte – obwohl die Attraktivität seines Aufenthaltsortes dem einer Stadiontoilette nach einem ausverkauften Länderspiel glich!

Ich habe einmal etwas Vergleichbares erlebt, auch wenn weder ein Gefängnis noch eine Stadiontoilette in meiner Geschichte vorkommen. Vor einigen Jahren war ich als Mitarbeiterin auf einem Teencamp in Lychen, einer Stadt in Brandenburg. Es war ein Sommercamp, und so nahm ich klamottentechnisch mit, was man für eine Woche Camp-Leben vermutlich brauchen würde. Vor Ort angekommen, erlebte ich den ersten Schock: Die Unterkünfte waren alte, halb verfallene Hütten, die Betten dürftig, die Matratzen eklig, der Aufenthaltsraum viel zu klein und die Küche absolut provisorisch. Der zweite Tiefschlag folgte auf dem Fuße: Das Wetter war die komplette Woche lang nass und so kalt, dass ich jeden Tag mehr oder weniger alles übereinander anzog, was ich mitgenommen hatte. Nach kurzer Zeit war alles klamm und dreckig und rein äußerlich mehr als frustrierend. Allerdings erlebten wir mit den Teens eine so gesegnete und intensive Zeit, in der wir unzählige Gespräche führten und Jesus ganz real erlebten, dass ich nirgendwo anders hätte sein wollen. Als ich nach der Woche nach Hause fuhr, traf ich eine Freundin. Sie erzählte mir, dass sie ihren Sommerurlaub in einem 4-Sterne-All-inclusive-Hotel verbracht hatte, mit Fitnessstudio im Keller und Sandstrand gleich vor der Tür. Was eigentlich Grund für bodenlosen Neid hätte sein können, ließ mich relativ kalt: Ich wusste, dass ich genau dort gewesen war, wo Gott mich haben wollte, und dass 35°C im Schatten und ein leckerer Cocktail in der Hand nicht erfüllender hätten sein können!

Lieblingsmensch

Ein Mensch, der sich seines Wertes in Gott, seiner Berufung, seiner Gaben und seines Sinns auf dieser Erde bewusst ist, hat der Welt etwas zu geben. Er ist wirklich ein Geschenk! Stellen Sie sich einmal vor, ihre beste Freundin wäre ein solcher Mensch (vielleicht ist sie es tatsächlich?). Sie könnte ganz ehrlich zu ihren Schwächen stehen und auch mal über sich selbst lachen, weil sie sich nicht zu wichtig nimmt. Sie weiß aber gleichermaßen auch, was sie kann, ohne dass sie sich mit ihren Gaben und Stärken profilieren und dauernd in den Mittelpunkt stellen muss. Vielmehr kann man sie bei der Ausübung ihrer Gaben richtiggehend genießen, weil sie eine wichtige Aufgabe erfüllt, sie mit Hingabe und Demut tut und man eine Ahnung bekommt, wie sehr auch Gott sich gerade über sie freut. Sie hat eine gute Wahrnehmung für sich selbst, kann Grenzen setzen, annehmen und gut mit ihnen leben, überfordert sich und andere nicht dauernd, freut sich mit, lacht mit, weint mit. Ihr Ja ist ein klares Ja, weil sie es von Herzen gibt, ihr Nein ist ebenso ernst gemeint. Man weiß bei ihr, woran man ist, weil sie offen, ehrlich und loyal ist. Sie ist nicht ständig um ihr Wohl und ihr Image besorgt, weil sie dieses aus der Beziehung zu Gott und nicht aus dem Ansehen von Menschen bezieht. Ihr Glaube an Gott ist tiefgründig, mit Fragen und Zweifeln kann sie offen umgehen, ohne ständig zu klagen und zu meckern. Ihre ganze Ausstrahlung ist lebensbejahend, weil sie ein Ja zu sich und ihrem Leben gefunden hat – mit allen Stärken und Schwächen, Leichtigkeiten und Herausforderungen.

Ein Mensch, der sich seines Wertes in Gott, seiner Berufung, seiner Gaben und seines Sinns auf dieser Erde bewusst ist, hat der Welt etwas zu geben.

Eine wundervolle Vorstellung, nicht wahr?

Ich glaube, ich würde so viel Zeit wie möglich mit einer solchen Person verbringen wollen, weil ihre Anwesenheit so angenehm und ihre Gegenwart so inspirierend ist. Die Gemeinschaft mit einem solchen Menschen lässt die Seele durchatmen und das Herz aufblühen!

Lassen Sie Ihre Phantasie aber noch ein weiteres Bild malen. Stellen Sie sich vor, Sie selbst seien ein solcher Mensch! Wow! Ungewohnter Gedanke? Bestimmt. Eine wahre Akrobatik für den Kopf? Vielleicht. Schier unmöglich? Nein! »Gott kann unendlich viel mehr an uns tun, als wir jemals von ihm erbitten oder uns ausdenken können. So mächtig ist die Kraft, mit der er in uns wirkt« (Epheser 3,20; GNB). Es geht hier nicht darum, sich selbst eine Höchstleistung in Sachen Veränderung abzuverlangen. Es geht hierbei darum, sich Gottes nach wie vor schöpferischen, kreativen, geduldigen und liebevollen Händen anzuvertrauen, mit denen er Menschen erschafft und erneuert, um ihnen einmal und immer wieder neu das Prädikat »sehr gut« zu verleihen! Denn in seinem Blick spiegelt sich noch immer das Bild der Frau wider, die wir eigentlich sind und wieder werden dürfen. Auch, wenn wir es noch nicht umfassend sehen können – er sieht es klar und deutlich! Er sieht Fräulein Wundervoll!

Und nun heben Sie ihren Blick noch einmal und schauen Sie in die Weite. Was wäre, wenn es mehr solcher Menschen gäbe? In der Nachbarschaft, am Arbeitsplatz, beim Einkaufen und in der Gemeinde. Diese Menschen hätten ganz sicher großen Einfluss. Sie würden anderen helfen, sich selbst zu verändern, und ihr Vorbild würde neue Gedanken und Ansichten in ihnen freisetzen. Hier enden Einsamkeit, Achtlosigkeit, Leistungsdruck und Scham. Stattdessen beginnt eine Verbindung, in der Raum ist für Ehrlichkeit, Wertschätzung, Gemeinschaft, Frieden und Wachstum. Können Sie nun sehen, warum ein Mensch, der wahrhaft lebendig ist, Gott ehrt?

Alles anders – oder nicht?

Noch immer ist die Frage offen, wie Veränderung denn nun ganz konkret geschieht. Ab wann kommen neue Sachen auf den Tisch? Was ist gesund für mich? Und wie kann ich den Urheber einer bestimmten »Speise« überhaupt identifizieren?

Als ich einen guten Teil meiner bisherigen Aufgaben und Verpflichtungen von meinem Tisch abgeräumt hatte, war Platz für Neues geschaffen. Die Frage danach, was nun wohl kommen würde, kribbelte in jeder Faser meines Körpers. Doch gleichzeitig wusste ich: Füße stillhalten. Abwarten. Alles zu seiner Zeit! Ich wollte, sollte und durfte Gott das Recht einräumen, mein »Kellner« zu sein, der zu gegebener Zeit serviert, was nun dran ist. Eine ganze Weile passierte erst einmal nichts. Ich erzählte hier und da, dass ich (zumindest vorerst für eine Weile) aus dem Reisedienst aussteige und kam mir jedes Mal ziemlich blöd vor, wenn die Frage gestellt wurde: »Ach ja? Und was machst du stattdessen?« Dennoch: Ich hatte Gott das Mandat übertragen, zur rechten Zeit die rechten Dinge auf meinen Tisch zu stellen, und daran wollte ich mich halten. Und zunächst passierte erst einmal nichts. Jedenfalls nichts Neues. Ich kümmerte mich um meine Kinder, besuchte weiterhin dieselbe Gemeinde, behielt dieselben Freunde und führte die abgespeckten Aufgaben meines alten Jobs aus. Dennoch fühlte sich manches neu an, denn ich konnte diese Dinge mit einer neuen Einstellung und, damit verbunden, auch mit einer neuen Leidenschaft tun. Aufgaben, die ich bisher geringgeschätzt hatte (wie z. B. die Hausarbeit), waren zwar nicht wirklich zu meinen Lieblingstätigkeiten geworden. Und doch erfüllten sie mich mehr, weil ich wusste, dass sie aufgrund ihrer Unattraktivität meinen Wert nicht schmälern konnten, sondern im Gegenteil genau das waren, was derzeit in der Situation meines Lebens einfach für mich »dran« war. Gott hatte mir eine Familie geschenkt, tolle Kinder, einen wunderbaren Mann, und ich durfte für sie ein schönes Zuhause schaffen! Andere Aufgaben, für die ich mir bisher wenig Zeit genommen hatte, weil sie vielleicht mit wenig Anerkennung oder Ehre verbunden waren (z. B. das Spielen mit meinen Kindern), konnte ich nun viel ausführlicher tun. Zum einen, weil ich mehr Zeit dafür hatte, zum anderen, weil mein Selbstwertgefühl nicht mehr so großen Schaden nahm, wenn ich abends nicht auf ein auf den ersten Blick großartiges, bleibendes und gesellschaftlich wertvolles Werk schauen konnte, was ich am Tag zustande gebracht hatte. (Und wer sagt eigentlich, dass ein zimmerhoher Legoturm kein großartiges Werk ist?)

Das neue und aufgeräumtere Leben zu leben, heißt nicht zwingend, dass ich plötzlich völlig andere Dinge tue. Vielleicht erfülle ich genau dieselben Rollen und mache die gleichen Aufgaben wie vorher. Aber ich fülle sie anders. Ich lebe sie aus innerer Überzeugung und mit meiner Persönlichkeit und nicht als getriebenes Opfer. Ich lebe sie zu Gottes Ehre!

Nach etwa einem Jahr tischte Gott die erste neue, berufliche »Delikatesse« auf. Es gibt auf dem christlichen Markt eine Zeitschrift, die ich für Frauen meines Alters wirklich attraktiv gestalte und inhaltlich wertvoll finde. Da ich gerne schreibe, konnte ich mir gut vorstellen, für diese Zeitung hin und wieder einmal einen Artikel zu verfassen. Das Redaktionsteam besteht außerdem aus tollen, inspirierenden Frauen, die ich alle gerne einmal kennengelernt hätte. Dies war wirklich ein Wunsch von mir! Allerdings hätte ich aus dem Nichts heraus niemals dort angefragt, ob meine Mitarbeit erwünscht wäre, und außerdem hatte ich keinerlei Bezug zu den Verantwortlichen dieses Magazins. Eines Tages sah ich auf Facebook den Post einer Freundin, die über ihre Arbeit in der neuen Ausgabe dieser Zeitschrift berichtete. Mich interessierte der Artikel, und so fragte ich beim Verlag an, ob ich ein Probeexemplar zugeschickt bekommen könnte. Umgehend antwortete mir die Chefredakteurin, dass das kein Problem sei und sie mir eins in die Post legen würde. Ach ja, und ob ich nicht vielleicht Lust hätte, selbst mal einen Artikel beizusteuern? Und dass bald das jährliche Redaktionstreffen stattfinden würde, zu dem sie mich gerne einladen würde. Dort könnte ich auch ein paar andere Schreiberinnen kennenlernen und gemeinsam mit ihnen im Team die nächsten Ausgaben mitplanen. Ich las die Mail wieder und wieder und konnte es kaum glauben. Ich konnte förmlich sehen, wie Gott mich mit einem verschmitzten Lächeln in den Augen beobachtete und sich einfach nur mitfreute. Was für ein Geschenk! Übrigens: Ich hätte an diesem Redaktionstreffen mit großer Wahrscheinlichkeit nicht teilnehmen können, wenn ich nicht vorher den Tisch abgeräumt hätte und in meinem Job etwas kürzer getreten wäre, weil die Einladung recht kurzfristig kam und ich sicher ansonsten schon verplant gewesen wäre.

Auf diesem Redaktionstreffen, das für mich wirklich eine total erfüllende und bereichernde Zeit war, öffnete Gott die nächste Tür: Bei einer Austauschrunde erzählte ich von meinem Erlebnis in London, dem Bild des Tischs und den damit verbundenen Änderungen in meinem Leben und Gedanken über Sinn, Wert, Identität und Berufung. Während des Essens kam dann eine andere Teilnehmerin des Redaktionstreffens auf mich zu und stellte sich als Lektorin vor. Sie sagte, dass sie schon länger auf der Suche nach einer deutschen Autorin sei, die über dieses Thema etwas schreiben würde, und meine Worte vorhin hätten sie total angesprochen. Dies war schlussendlich die Geburtsstunde für das Buch, das Sie grade in Händen halten!

Auch privat hatte Gott noch einiges vor. Mein Mann und ich beschäftigten uns schon länger mit dem Gedanken, noch ein drittes Kind zu bekommen. Allerdings fanden wir zum einen kein wirklich klares Ja, da unser volles Leben gar keinen richtigen Raum für ein weiteres Familienmitglied hergegeben hätte. Zum anderen wollte es auch nicht recht »klappen« und ich wurde nicht schwanger, obwohl wir nichts dagegen taten … Ich war innerlich zerrissen – enttäuscht, weil der Wunsch nach einem dritten Kind doch immer mehr Raum in meinem Herzen einnahm und nicht in Erfüllung zu gehen schien und zugleich zufrieden, weil Gott unser Leben doch bereits so gesegnet hatte und wir zwei tolle Kinder in unserer Mitte haben dürfen, die mittlerweile in einem Alter sind, dass wir als Eltern auch wieder einige Freiräume genießen können. Doch wenige Monate nach dem Beginn meiner beruflichen Veränderung kam die Nachricht: Ich bin wieder schwanger. Im Winter würden wir voraussichtlich unser drittes Kind in den Armen halten dürfen. Nach einem kurzen Blick in den Kalender bemerkte ich, dass Gott auch hier sämtliche Fäden in der Hand gehalten hatte. Dadurch, dass ich für das gesamte Jahr und auch für das darauffolgende keine Außendienste in Form von Vorträgen und Reisediensten angenommen hatte, musste ich nicht einen einzigen Veranstalter anrufen und ihm absagen. Mein letzter offizieller Termin war für Anfang Oktober eingetragen und zwei Wochen später würde mein Mutterschutz beginnen. Es passte einfach alles perfekt! (An dieser Stelle ein kurzer Einschub: Ich halte nichts davon, Kinder in einem Terminkalender zu planen – mal ganz abgesehen von der Frage, ob das überhaupt möglich ist. Sie sind zu jeder Zeit ein Geschenk des Himmels und verdienen alle Aufmerksamkeit, die wir überhaupt aufbringen können! Für meine ersten beiden Schwangerschaften und die darauf folgende Elternzeit hatte ich viele Veranstalter angerufen und ihnen gerne mitgeteilt, dass aufgrund der neuen Umstände ein Vortrag von mir bei ihnen nicht stattfinden kann. Dennoch ist dies natürlich auch mit gewissen Unannehmlichkeiten für den Dienstgeber verbunden, für die man ungerne verantwortlich ist. Ich staunte dieses Mal einfach darüber, wie Gott Termine aufeinander abgestimmt hatte!)

Bremslichter

So, wie Gott Neues auf meinen Tisch stellte, machte er mir aber gleichermaßen auch klar, dass für anderes derzeit kein Platz ist. So trugen mein Mann und ich ebenfalls seit der Konferenz in London den Wunsch im Herzen, bei uns zu Hause einen sogenannten Alpha-Kurs anzubieten. Dies ist ein Kurs, zu dem man Freunde und Bekannte einladen kann, die mit dem Glauben noch nicht viel zu tun haben und der ihnen auf einladende, praktische und lebensnahe Weise die Grundlagen über Gott und das Leben mit ihm erklärt. An zehn Abenden gibt es nach einem gemeinsamen Abendessen kurze Impulse zu verschiedenen Glaubensthemen und danach die Zeit, sich über das Gehörte auszutauschen. Wir prüften hier und da Möglichkeiten, einen solchen Kurs ins Leben zu rufen. Doch wir fanden keinen richtigen Anfang. Ungefähr mit der Geburt unserer Tochter kam dieses Thema noch einmal auf, und unser Hauskreis ließ sich dafür begeistern, als Team dieses Angebot gemeinsam zu schaffen. Wir trafen uns zu einer ersten Planung und überlegten, bei wem diese Abende stattfinden sollten, wer welche Funktion übernehmen würde (es gibt immer einen Gastgeber, einen Moderator, eine Person, die den Impuls vorträgt und solche, die hinterher die Gespräche anleiten) und was sonst organisatorisch noch wichtig ist. Dieser Abend fand in unserem Wohnzimmer statt und ich hatte die ganze Zeit unsere eineinhalb Monate alte Tochter auf dem Arm. Sie war sehr unruhig, weinte viel, und ich musste sie durch ständiges Herumtragen und Schaukeln beruhigen. Plötzlich sagte ein Freund aus dem Hauskreis: »Versteh mich nicht falsch, Elli, aber die Abende können nicht bei euch stattfinden und du wirst auch keine verantwortliche Aufgabe übernehmen können. Wenn Smilla an einem Alpha-Abend so drauf ist wie heute, dann sprengt sie die ganze Runde und es wird dich total zerreißen!« Bäm! Ich konnte es fast körperlich spüren, wie diese Tür mir gerade vor der Nase zugeknallt wurde. Etwas säuerlich verzog ich mich auf die Toilette. Ich wusste, dass unser Freund nur laut ausgesprochen hatte, was eigentlich total offensichtlich war, und dass er absolut recht hatte. Aber es fühlte sich so gemein an. Der Alpha-Kurs war doch der Traum von meinem Mann und mir gewesen! Und nun fand er endlich vor meiner Nase statt, aber ich würde nur als unbeteiligte Person aus der Ferne zuschauen dürfen? Doch wie ich dort so saß und schmollte, berührte Gott mein Herz und flüsterte: »Das ist okay. Der Kurs wird stattfinden, und das ist toll für die, die daran teilnehmen werden und mir näherkommen können. Aber es ist zurzeit einfach nicht dein Platz. Dich brauche ich woanders, nämlich da, wo du dich um ein ganz wundervolles und absolut hilfsbedürftiges kleines Wesen kümmern kannst. Sei in Frieden darüber. Es kommen auch wieder andere Zeiten. Nur, weil du etwas nicht jetzt machen kannst, heißt das ja nicht, dass du es nie machen wirst!« Ich konnte wirklich verändert wieder zu den anderen gehen und fröhlich die kommenden Abende mitplanen, obwohl ich nicht aktiv an ihnen teilnehmen würde.

Mit Mut und Gefühl

Wenn ich meinen Tisch nicht mehr selber decke, sondern darauf vertraue, dass Gott Gutes zur rechten Zeit und in der rechten Menge serviert, wird es spannend.

Ich kann Ihre Frage allerdings förmlich hören: Wie erkenne ich denn, was ich selber decke oder andere decken wollen und was davon aus Gottes Hand kommt? Diese Frage kenne ich zur Genüge. Wenn ich von den oben genannten Erlebnissen berichte, erscheint vieles sehr einfach und fast so, als hätten goldumrahmte handschriftliche Zettelchen mitten aus dem Himmel meinen Weg gepflastert. Das ist absolut nicht so, und es stecken zwischen den

Zeilen viele Zeiten des Fragens, Zweifelns, Betens und Grübelns. Eine Menge der passgenauen Puzzleteilchen Gottes erkenne ich erst jetzt im Rückblick mit einem gewissen Abstand als solche.

Dennoch möchte ich zwei Hilfestellungen geben, wie wir lernen können, gut zwischen den verschiedenen Aufgaben und ihren Auftraggebern zu unterscheiden. Die erste ist:

♔ Starten. Losgehen. Anfangen.

In der Geschichte von Petrus auf dem Wasser, die Grundlage der ersten Predigt auf der Konferenz in London war, muss Petrus auch den ersten Schritt wagen. Oft habe ich ausgeblendet, dass die Jünger sich mitten in einem schweren Sturm befanden und sich dieser auch noch nicht gelegt hatte, als Petrus seinen Fuß über den Rand des Boots schwang. Er holte sich mit absoluter Sicherheit nasse Socken! Er wusste auch nicht, wie sein zweiter, dritter oder vierter Schritt aussehen würde und ob es diese überhaupt geben würde. »Herr, wenn du es bist ...«, sagt er (Matthäus 14,28; GNB). Er war sich nicht mal sicher, ob die Gestalt auf dem Wasser wirklich Jesus ist! Spannend finde ich auch, dass die Aktion von Petrus eigentlich völlig überflüssig war. Wer hatte denn etwas davon, dass er über das Wasser lief? Dadurch wurde kein Kranker geheilt, kein Hungernder gesättigt und kein Gefangener befreit. Vielmehr war dies der Ursprung einer Geschichte, die die Menschen für die kommenden Tausende von Jahren ins Grübeln und Diskutieren bringen würde! Übrigens wusste Jesus mit Sicherheit auch, wie die ganze Kiste ausgehen würde und dass er in wenigen Sekunden Petrus' Lebensretter sein müsste. Spätestens das hätte ihn doch dazu veranlassen müssen, Petrus einen lehrhaften Vortrag zu halten, der ihn mit wohlformulierten Worten davon überzeugt, im sicheren Boot zu bleiben, die Lebensgefahr in den hohen Wellen zu umgehen und seine Kraft lieber in die Belange des Allgemeinwohls zu investieren. Hat er aber nicht. Jesus lässt sich auf die Forderung von Petrus ein, nennt ihn beim Namen und ruft ihn hinaus aufs Wasser. Und dieses Erlebnis wird zu einer der tiefgehendsten (im wahrsten Sinne des Wortes!), nachhaltigsten und ermutigendsten Erfahrungen im Leben von Petrus. Hätte man ihn hinterher gefragt, ob er im Nachhinein irgendetwas anders machen würde oder ob er aufgrund des Wissens, dass er doch kurzfristig untergeht, besser im Boot geblieben wäre – was meinen Sie, was wäre seine Antwort gewesen?

Wir dürfen mutig werden und die Angst vor Fehlern ablegen. Wir wollen so gerne alles richtig machen! Quasi die perfekten Vorzeige-Fräuleins sein. Merken Sie, dass hier wieder alte Muster zum Vorschein kommen? Antreiber, Ansprüche, Zwänge? Und ist es nicht oft auch so, dass wir gerne Gottes Willen wüssten, damit wir jegliche Fehltritte umgehen und im Falle eines Falles alle Verantwortung von uns weisen können? Schließlich hat Gott ja gesagt, dass … Ich bin mir sicher, dass Gott damit viel entspannter umgeht als wir selber. Eine Freundin hat mal zu mir gesagt: »Ich habe die Angst abgelegt, mit meinen Entscheidungen Gottes Plan kaputt machen zu können.« Wie recht sie hat! Gott ist allmächtig, könnte hier alles alleine regeln und hat sich dennoch dazu entschieden, sein Reich *mit* uns und *durch* uns zu bauen. Und er wusste, worauf er sich einlässt! Gott hat viel weniger Interesse an unserer Perfektion als an der Beziehung zu uns. Es ist ihm ein Leichtes, uns eine neue Chance zu geben, wenn wir sie brauchen, oder aus vermeintlichen Fehlentscheidungen etwas ganz Wunderbares entstehen zu lassen. Gott kann aus Scheiße Bonbons machen, wie mein Mann immer so schön sagt. Er ist Gott!

In einer Beziehung dürfen wir miteinander lernen. Mein Mann hat mir ganz am Anfang unserer Partnerschaft ein sehr hübsches und sicher auch teures Armband geschenkt. Leider verfehlte es meinen Geschmack ungefähr um die Entfernung vom Schwarzwald zur Freiheitsstatue in New York. Ich versuchte natürlich, mich höflich zu bedanken und mich auch zu freuen, doch er merkte sehr schnell, dass er mit seinem Geschenk weit danebenlag. Heute, nach über 12 Jahren Ehe, ist er in der Auswahl seiner Geschenke wesentlich treffsicherer, weil er mich einfach viel besser kennengelernt hat. War ich ihm damals böse? Nein, natürlich nicht! Er konnte ja noch gar nicht wissen, was mir gut gefällt und wie ich so ticke. Bei Gott ist es genauso. Die Zeit, die wir mit ihm verbringen, wird uns seinem Herzen immer näher bringen. Wir werden in seiner Gegenwart verändert und lernen, nach seinem Willen zu handeln. Paulus bringt es in seinem Brief an die Römer auf den Punkt: »Passt euch nicht den Maßstäben dieser Welt an. Lasst euch vielmehr von Gott umwandeln, damit euer ganzes Denken erneuert wird. Dann könnt ihr euch ein sicheres Urteil bilden, welches Verhalten dem Willen Gottes entspricht, und wisst in jedem einzelnen Fall, was gut und gottgefällig und vollkommen ist« (Römer 12,2; GNB).

Übrigens heißt das nicht, dass wir völlig weltfremde, seltsame und zu belächelnde Figuren werden sollen. Die gibt es auch – aber ich glaube nicht, dass das Gottes Absicht mit uns ist. In Johannes 17 betet Jesus für seine engsten Freunde. In diesem Kapitel betont er, dass wir mitten in der Welt stehen. Das heißt, wir haben hier einen Platz. Wir pflegen Freundschaften (und wenn wir uns Jesus zum Vorbild nehmen, dann sind es tiefe und gehaltvolle Beziehungen). Wir erfüllen Aufgaben. Wir sind verwurzelt und verwoben. All das wäre nicht möglich, wenn wir als halbentrückte Traumtänzer herumliefen. Dennoch sind wir nicht von dieser Welt. Unser Bezugspunkt ist der Herr der Welt. Unser Anker ist in der Ewigkeit festgemacht. Im besten Fall haben wir mehr Einfluss auf diese Welt als sie auf uns. Und das drückt sich eben auch in unseren Entscheidungen aus. In unseren Werten. In unserer Einstellung. In unserer Nähe zu dem, dessen Wille uns wichtig ist – weil er uns mit dem wahren Sinn in dieser Welt versorgt!

Noch ein Gedanke: Ich glaube, dass wir viel zu oft in Richtig und Falsch denken. Aber gibt es immer den einen, ultimativen Weg? Und zeichnet er sich dadurch aus, dass er sich leicht, eben und gut anfühlt und wir nie stolpern? Sind wir nicht auf einem Sonntagsspaziergang auch schon mal falsch abgebogen und plötzlich endete der Weg einfach? Aber er endete an einem See, umgeben von Blumen und Vogelgezwitscher? Und wir haben uns in der Sonne niedergelassen und diesen wunderbaren, wenn auch völlig ungeplanten Moment genossen, der laut Karte niemals auf unserem Weg vorgesehen war? Ich glaube, dass Gott uns oft viel mehr Freiheit lässt, als wir wollen. Das Leben mit ihm ist nicht wie Malen nach Zahlen. Er hat auch keinen Plan versteckt, den wir jetzt krampfhaft suchen müssen, immer mit der Angst, wir könnten einen Fehler machen. Gott ist durchaus in der Lage, sich bemerkbar und für uns verstehbar zu machen. Wenn wir nach seiner Wegweisung fragen, dann antwortet er – wenn er es für nötig hält. Und wenn er nichts Konkretes sagt, dann kann das den guten Grund haben, dass beide Entscheidungsmöglichkeiten richtig sein können. Viel wichtiger ist, dass wir die Entscheidung im Vertrauen auf ihn treffen und den Weg, den die Entscheidung mit sich bringt, mit ihm gemeinsam gehen. Mutig. Abenteuerlustig. Offen für das, was kommt. Und immer mit der Bereitschaft, uns von ihm unterbrechen zu lassen, wenn es nötig ist.

*Ich glaube, dass Gott uns oft
viel mehr Freiheit lässt, als wir wollen.*

Mir wurde dies noch mal besonders deutlich während der Entscheidung für oder gegen ein drittes Kind. Je nach Tagesform, beruflicher Situation, sonstiger Aktivitäten und emotionaler Verfassung schwankten wir über mindestens zwei Jahre hin und her, ob wir uns wohl besser für ein Ja oder ein Nein entscheiden sollten. Was war *richtig?* Würden wir uns mit einem kleinen Baby nicht total übernehmen? Was müsste sich in unserem Leben dann alles ändern? Würden wir die neue Situation auch finanziell stemmen können? Sind wir – beziehungsweise vor allem ich – bereit, unsere Freiräume wieder einzuschränken und Tag und Nacht für ein so hilfsbedürftiges Wesen da zu sein? Andererseits: Würden wir es eines Tages bereuen, *kein* drittes Kind bekommen zu haben, weil uns die Arbeit oder unser Lebensstil wichtiger waren? Gibt es überhaupt einen guten Grund, sich *gegen* ein Leben zu entscheiden? Wir kamen einfach nicht weiter. Unsere Angst, eine falsche Entscheidung zu treffen, war riesig, schließlich betraf sie unser ganzes Leben, und wir wollten auf keinen Fall einen Fehler machen, den wir hinterher bereuten. Ich erinnere mich, wie wir eines Abends während unseres Sommerurlaubs auf der Terrasse in der Abendsonne saßen und ich zu René sagte: »Lass uns die Zeit hier im Urlaub ganz konkret dafür nutzen, um für unsere Entscheidung zu beten und Gott um Weisheit und vielleicht sogar ein Zeichen zu bitten!« So beteten wir in diesen zwei Wochen sehr intensiv, wägten weiter ab und hielten die Augen offen, ob Gott uns einen Wink – ganz egal ob mit einem Holzsplitter, einem Zaunpfahl oder gleich dem ganzen Gartenzaun – geben würde. Doch nichts geschah. Ich war richtig sauer auf Gott, weil ich mir sicher war, dass er wusste, was die bessere Entscheidung ist und er nur einfach nicht den Mund aufmachte. Doch irgendwann wurde mir – vor allem durch viele Gespräche mit guten Freunden und einige Erlebnisse mitten im Alltag – klar: Es gibt vielleicht gar kein Richtig oder Falsch. Kein besser oder schlechter. Nur ein Entweder-Oder. In beiden Fällen könnten wir ein Leben leben, das Gott gefällt und uns erfüllt. Wir könnten ihm dienen, unsere Talente einsetzen, Träume verwirklichen und Gutes geben und erleben. Nur auf zwei unterschiedliche Arten. Entweder als Familie mit zwei oder mit drei Kindern. Wie genau wir uns in diesem Fall entschieden, das überließ Gott uns. Er wollte uns dadurch helfen, zu mündigen Menschen zu werden, die in der Lage sind, Verantwortung für ihr Handeln und ihre Entscheidungen zu übernehmen. So gerne ich in diesem Fall Gottes ganz konkrete Wegweisung gehabt hätte, so sicher war ich mir, dass Gott uns genau kannte und wusste, dass er uns hier im allerbesten Sinne herausfordern konnte, unserem Herzen und unserem Urteil zu vertrauen. Er würde mitgehen – ganz egal, welchen Weg wir wählten!

Dies führt mich zum zweiten praktischen Tipp:

♔ Hinhören. Hineinfühlen. Sensibel sein.

Die Beziehung zu Gott ist die eine Seite der Medaille, die Beziehung zu mir selbst die andere. Je besser ich mich kenne, desto besser kann ich auch mit mir umgehen. Wenn ich ein gesundes Gefühl für mich, meine Stärken, Ängste, Wünsche, Gaben, Schwächen und Wachstumsbereiche habe, werde ich viel leichter entscheiden können, wo ich hingehöre und wo nicht. Übrigens dürfen wir Gott auch darum bitten, dass er dieses Gespür für uns selbst schärft und wir hier eine realistische Einschätzung unserer selbst bekommen.

Denn es bleibt dabei: Gott hat mich nicht so gemacht, wie ich bin, damit ich mich dann total verbiege, um ganz anders zu sein. Das wäre kompletter Wahnsinn! Vielmehr bin ich überzeugt davon, dass Gott vor allem meine Träume und Sehnsüchte in mich hineingelegt hat, weil er mir damit eine Ahnung davon schenkt, wie die Welt aussehen könnte, wenn ich am richtigen Platz bin – für mich und für andere!

Wenn ich ein gesundes Gefühl für mich, meine Stärken,
Ängste, Wünsche, Gaben, Schwächen und Wachstumsbereiche
habe, werde ich viel leichter entscheiden können,
wo ich hingehöre und wo nicht.

Erinnern Sie sich noch daran, warum ich irgendwann in meinem Job so unglücklich wurde? Weil die Arbeit unter Frauen in meinem Kopf und in meinem Herzen so ganz anders aussah als das, was ich in der Realität während meiner Arbeit erlebte. Eigentlich wollte ich doch im Wesentlichen unter jungen Frauen arbeiten, Beziehungen pflegen, einen herzlichen Rahmen schaffen. Doch ich verbog mich, um etwas zu tun, was nicht meiner Leidenschaft entsprach. Leider war mir das die meiste Zeit über gar nicht so bewusst, weil ich das Gefühl für mich selbst verloren hatte. Durch den neu gewonnenen Platz auf dem Tisch und in meinem Leben tat sich auch neuer Raum für längst verschüttete Wünsche auf. Und so gründete ich ca. ein Jahr nach der Konferenz in London mit einigen Freundinnen aus meiner Gemeinde eine Arbeit für junge und jung gebliebene Frauen (übrigens mit dem wohlklingenden Namen »Frollein Wundervoll« ☺). Wir Frauen aus dem

Leitungskreis ticken alle ähnlich und gestalten die Abende so, wie wir denken, dass sie Gottes Herzen, unseren Herzen und den Herzen der Frauen, die wir erreichen wollen, entsprechen. Wir legen viel Wert auf ein liebevoll gestaltetes Ambiente, wir schaffen Räume, in denen die Frauen kreativ werden können oder einfach genießen, wir geben viel Zeit, um einander kennenzulernen und Beziehungen zu pflegen, und wir erzählen den Frauen von unserem Glauben und unserem Leben mit Jesus. Es ist eine Arbeit, die uns viel Zeit und auch Kraft abverlangt, aber die uns gleichermaßen auch bereichert und erfüllt, weil wir mit unseren Gaben und unserer Leidenschaft lebendig werden! Und anhand der Stimmen der Besucherinnen (von denen ganz viele zunächst gar nicht viel mit Gemeinde zu tun haben) können wir erkennen, dass unser Einsatz nicht umsonst ist, weil sie gerne kommen, die Atmosphäre sehr genießen und auch über den Glauben ins Nachdenken kommen.

Entscheidungshilfe

Eine Frage, die mir immer wieder hilft, wenn ich eine Entscheidung zu treffen habe, lautet: Was habe ich im allerersten Moment gedacht? Es ist mir schon oft passiert, dass mein erster Gedanke war: »Mach es nicht!« Und ich habe mich dann aber leider doch zu einem »Na gut, ich mach´s« umstimmen lassen – oder umgekehrt. In 90 Prozent der Fälle hätte ich bei meiner ersten Eingebung bleiben sollen!

Um diesen ersten Eindruck und auch weitere Überlegungen dazu ein wenig auf Sinn und Beständigkeit zu überprüfen, kann man sich folgende Fragen stellen:

🐾 Ist mein Ja ein Ja, weil ich mir durch meine Zusage Anerkennung, Wertschätzung oder Ähnliches erhoffe?

- Wäre ein Ja hilfreich und wichtig? Für wen? Auch für mich?
- Ist mein Nein ein Nein, weil ich zu faul oder zu bequem bin, um etwas zu tun?
- Hat mein Nein mit persönlichen Unstimmigkeiten zu tun?
- Wie wird sich mein nächster Tag, meine nächste Woche, mein nächstes Jahr durch ein Ja oder ein Nein verändern?
- Welchen Rat würde ich einer Freundin geben, wenn sie diese Entscheidung zu treffen hätte?
- Werde ich durch ein Ja oder ein Nein mehr zu dem Menschen, der ich bin und sein möchte?
- Könnte Gott bestimmte Einwände gegen mein Ja oder mein Nein haben? Warum? Oder wäre beides für ihn ok, solange ich den Weg mit ihm gemeinsam gehe?

Außerdem ist es extrem hilfreich, vor allem bei weitreichenden Entscheidungen, vom Ziel her zu denken. Auch hier helfen verschiedene Fragen weiter:

- Wem will ich dienen? Welche Menschen liegen mir besonders am Herzen?
- Was ist mein Thema? Worüber denke ich immer wieder nach? Mit welcher Zielgruppe bringt mich das zusammen?
- Was kann nur ich? Was würde fehlen, wenn ich es nicht tue?
- Wofür will ich stehen? Wofür will ich bekannt sein? Womit soll man mich in Zusammenhang bringen?
- Bei welchen Tätigkeiten fühle ich mich wirklich lebendig?

Es ist Ihr Leben. Sie sind darin die Hauptperson. Nicht Ihr Partner, nicht Ihre Kinder, nicht Ihre beste Freundin, nicht Ihr Chef, nicht Ihre Nachbarin. Sie alle sind ganz sicher sehr wichtige Personen in Ihrem Leben, und das ist richtig und gut. Aber dennoch wird Gott nicht eines Tages zu Ihnen sagen: »Warum warst du nicht mehr wie dieser oder jener?« Er möchte Ihnen vielmehr Mut machen, mit allem, was Sie sind und haben, Sie selbst zu sein. Denn er hat Sie so, wie Sie sind, gemacht, weil er genau Sie in dieser Welt braucht! Und aus einem gesunden Zusammenspiel von mutigen Schritten an Gottes Hand und einem feinen Gespür für uns selbst kann eine wundervolle Choreografie des Lebens werden, die Gott ehrt, Sie selbst erfüllt und anderen Menschen Segen bringt!

Er möchte Ihnen vielmehr Mut machen, mit allem,
was Sie sind und haben, Sie selbst zu sein.

Den Saboteur abschütteln

In allem dürfen wir immer wissen: Es gibt einen Platz für uns! Schon einige Male habe ich erlebt und erlebe es bis heute, wie eine kleine, aber durchdringende fiese Stimme dies in meinem Herzen infrage stellt. Besonders dann, wenn es mir unglaublich schwerfällt, meine Gaben zu benennen, weil sich alles so durchschnittlich anfühlt. Wenn ich mir eine Veränderung wünsche, die sich aber nicht in die Tat umsetzen lässt. Wenn der Alltagstrott weder Durchatmen noch Besinnen zulässt. Wenn das, was ich will, mit dem, was ich tue, leider unglaublich wenig gemeinsam hat. Ich erinnere mich noch daran, wie einmal zwei Freunde von mir ihren Job und ihre Wohnung kündigten, weil Gott ihnen ganz klar gezeigt hatte, dass er in einer anderen Stadt etwas ganz Neues mit ihnen beginnen wollte. Damals schaute ich auf mich und mein Leben, das in einem 420-Seelen-Dorf im tiefsten Westerwald beheimatet war und mir mit jeder Pore zuzubrüllen schien: Und dich hat Gott hier vergessen, weil er dich nicht braucht!

Kennen Sie das? Dann lassen Sie sich in Kopf und Herz gravieren: Das ist eine Lüge! Und es gibt jemanden, der es sich auf seine Fahne geschrieben hat, genau diese Lüge zu verbreiten und unzählige Menschen damit zu frustrieren, zu verwirren und zu lähmen. Es ist der Teufel – der Feind Gottes und der Feind des Lebens. Die Bibel nennt ihn auch den Diabolos, den Durcheinanderbringer. Diese Umschreibung trifft seinen Charakter perfekt. Er durchwühlt und verwüstet, was Gott uns sagt, und lässt sich tausend Gemeinheiten einfallen, um seine Spielchen mit uns zu treiben. Schon im Garten Eden hat er damit angefangen. Sollte Gott gesagt haben? Wirklich?

Sollte Gott gesagt haben, dass du genügst? Dass du liebenswert bist? Das glaubst du nicht wirklich …

Sollte Gott gesagt haben, dass du dir seine Liebe und deine Daseinsberechtigung nicht verdienen musst? Das wäre doch viel zu einfach …

Sollte Gott gesagt haben, dass er dir all das gibt, was du brauchst, und dass du in seiner Nähe niemals Mangel leiden wirst? Aber schau dich doch mal um, wie gut es den anderen geht und was sie alles haben …

Sollte Gott gesagt haben, dass du dich selbst wahrnehmen und ernst nehmen darfst? Aber das ist doch total egoistisch …

Sollte Gott gesagt haben, dass er dir Fehler verzeiht und dir neue Chancen schenkt? Aber irgendwann ist damit Schluss. Dann reicht es ihm mit dir. Sei lieber vorsichtig!

Sollte Gott gesagt haben, dass er vertrauenswürdig, liebevoll, großzügig und mitfühlend ist? Bist du dir sicher?

Sollte Gott gesagt haben, dass er dich gebrauchen möchte in dieser Welt, weil er dich mit deinen Gaben, Talenten und Träumen einzigartig geschaffen hat? Ach komm, du bist doch nicht mehr als unterer Durchschnitt …

Sollte Gott gesagt haben, dass du wundervoll bist? Mein liebes Fräulein, mach dich doch nicht lächerlich …

So oder so ähnlich malträtiert er unser Herz und unsere Seele. Er macht uns klein, belanglos, unsicher, hilflos und unbedeutend. Er sabotiert das Gute. Er redet uns ein, dass die Dinge, die Gott verspricht, unmöglich sind und wir ihrer Erfüllung nicht wert. Aber Gott ist und bleibt Gott. Er ist längst der Sieger. Er ist größer als der Teufel (2. Thessalonicher 2,8) und größer als unser uns anklagendes Herz (1. Johannes 3,20). Das ist nicht nur ein Mantra, mit dessen Aufsagung wir immer wieder versuchen müssen, uns selbst vor dem Untergang zu retten. Das ist die Wahrheit. Und weil diese Wahrheit so unendlich wichtig ist, hat Gott sich einen Weg überlegt, wie sie in uns leben kann. Als Jesus diese Welt als sichtbare und greifbare Person verlässt, hinterlässt er seinen Freunden seinen Stellvertreter: den Heiligen Geist. In Johannes 14 beschreibt Jesus genau, was die Jünger von ihm zu erwarten haben und welche Charaktereigenschaften dieser Heilige Geist innehat. Eine ganz wichtige wird in Vers 26 beschrieben: »Der Vater wird euch in meinem Namen den Helfer senden, der an meine Stelle tritt, den Heiligen Geist. Der wird euch alles Weitere lehren und euch an alles erinnern, was ich selbst schon gesagt habe« (GNB). Er ist Lehrer und Erinnerer. Er bringt uns Neues bei und hilft uns, bereits Gehörtes nicht zu vergessen. Das ist genau die Kombination, die wir brauchen und mit der wir dem Teufel ein mutiges »Halt dein dreckiges Maul – ich weiß es besser!« entgegenschleudern dürfen. Er hat nichts mehr zu sagen, auch wenn er immer wieder versucht, sich noch mal aufzubäumen. Der Wahrheit Gottes über uns und unser Leben ist nichts mehr hinzuzufügen. Wenn wir uns ihm mit Herz, Haut und Haaren anvertraut haben, dann sind wir Königskinder. Und dann dürfen wir Gott vertrauen, dass sein Plan in unserem Leben erfüllt wird und er unsere Bestimmung zur vollen Entfaltung führen wird. Zu seiner Ehre!

Er redet uns ein, dass die Dinge, die Gott verspricht, unmöglich sind und wir ihrer Erfüllung nicht wert.

Herzliche Einladung

Gott hat für Sie den Tisch hergerichtet. Können Sie ihn »sehen«? Mit einem prächtigen Strauß Blumen und einem gedeckten Platz. Auf dem Kärtchen steht »Fräulein Wundervoll« und es lädt genau Sie ein, sein Gast zu sein. Der Tisch verheißt viel Gutes und weckt Neugierde auf das, was noch kommt. Hier ist Ihr Raum, um zu verweilen und zu genießen. Sie dürfen ankommen, durchatmen, zur Ruhe kommen, sich stärken und gespannt darauf sein, welche Köstlichkeiten noch serviert werden. Aber da ist noch mehr. Noch Tieferes. Noch Existenzielleres. Von diesem Tisch geht Leben aus. Frieden. Kraft. Weil es einen Tischherrn gibt. Gott selber ist der Gastgeber. Er hat den Tisch hergerichtet und gedeckt. Er weiß, was noch kommen wird. Aber vor allem freut er sich auf Ihre Gemeinschaft und darauf, gemeinsam mit Ihnen an diesem Tisch zu sitzen.

Kommen Sie näher. Nehmen Sie Platz. Staunen Sie. Sehen Sie. Schmecken Sie. Werden Sie still und erkennen Sie, dass Gott Gott ist. Der Gott, der Sie sieht. Der Sie liebt. Der Ihren Wert definiert. Der Ihrem Leben Leben gibt. Der Ihren Tisch deckt. Immer wieder neu. Mit so viel Gutem. Mit genau dem Richtigen. Mit genau dem, was Sie brauchen. Und vielem mehr. Das ist die Wahrheit. Und diese Wahrheit wird Sie frei machen!

Sie!

Sein Fräulein Wundervoll!

Letzte Worte

**Dein Leben ist so bunt,
wie du dich traust, es auszumalen.**
UNBEKANNT

Ich kann Sie sehen. Okay, das klingt skurril und vielleicht etwas beängstigend. Aber es ist gar nicht so gemeint. Vor meinem inneren Auge stelle ich mir gerade vor, wie Sie und ich gemeinsam am Tisch sitzen. Vielleicht in einem schönen Garten. Die Vögel zwitschern und auf dem Tisch stehen ein leckerer Kaffee und frische Erdbeeren mit Sahne. Oder vielleicht in einem Wohnzimmer. Es brennen ein paar Kerzen, weil es draußen schon dämmrig wird, und wir trinken einen duftenden Chai Latte. Wir kennen beide den Inhalt des Buches; ich, weil ich es geschrieben habe, Sie, weil Sie es gelesen haben. Irgendwie verbindet uns das miteinander. Wir haben den Wunsch, uns über den Inhalt und unsere Gedanken dazu noch ein wenig auszutauschen. Zu der Sache mit den inneren Antreibern fällt Ihnen eine Geschichte ein, und Sie erzählen. Wir müssen dabei lachen, denn das Leben schreibt manchmal einfach lustige Geschichten. Danach kommen wir ins Reden, sogar ein bisschen ins Diskutieren. Ich höre Sie sagen: »So vieles würde ich gerne nicht nur mit dem Kopf, sondern auch mit dem Herzen verstehen, wirklich durchdringen, leben. Ich wünschte, dass sich das Gelesene tatsächlich in meinem Leben wiederfindet und es mir zur zweiten Natur wird. Dass ich tatsächlich dieser neue Mensch werde, den Gott im Blick hat. Im Moment fühle ich mich leider weit weg davon. Ich bin bestenfalls Fräulein Wunderlich. Naja, vielleicht eines Tages …« In ihrer Stimme schwingt eine Mischung aus Sehnsucht, Resignation, Traum, Frust, Motivation und Neid auf die, die es scheinbar schon viel besser können als Sie. Bei denen es läuft.

Lassen Sie mich Ihnen antworten:

Wir sind unterwegs. Wir gemeinsam. Sie und ich. Und die Menschen um uns herum auch. Darin steckt unglaublicher Wert. Wir dürfen einander begleiten, motivieren, inspirieren, stützen, beflügeln. Denn wir alle sind noch nicht angekommen.

Es war mir eine Ehre, viele meiner Gedanken und Erlebnisse dieses Weges, meines Weges, zu Papier bringen zu dürfen. Noch mehr ehrt es mich, dass Sie sich die Zeit genommen haben, es zu lesen. Dennoch bin ich Ihnen keinen Schritt voraus. Ich stehe – genau wie Sie – täglich vor der Herausforderung, gute Gedanken auch zu leben, neue Vorsätze in die Tat umzusetzen, den Alltag nicht die Oberhand gewinnen zu lassen und immer wieder auf Gott und sein Wort zu fallen. Ich bin wie Sie eine Reisende und hoffe, dass ich Ihnen durch dieses Buch für eine Weile zur Weggefährtin werden konnte.

Ich war mir beispielsweise oft nicht sicher, ob ich Dinge in der Gegenwart oder in der Vergangenheit schreiben soll. Nehmen wir zum Beispiel die Sache mit dem Gottesbild in Kapitel 4. Ich hatte ein falsches Gottesbild. Ja, das stimmt. Und seitdem mir das aufgefallen ist und ich mit Gott darüber ins Gespräch gekommen bin, hat sich einiges daran verändert. Aber noch nicht alles. Darum gehören falsche Gottesbilder leider nicht komplett der Vergangenheit an. Weil mein Weg hier noch längst nicht abgeschlossen ist. Und weil ich immer wieder in alte Denkmuster zurückfalle. Aber die Gegenwartsform würde auch nicht die Wahrheit in ihrem ganzen Umfang wiedergeben. Denn Veränderung hat ja bereits stattgefunden.

Auch ist mir durch das Schreiben erst wieder aufgefallen, wie viel ich von Gottes gutem Handeln schon wieder vergessen hatte. Oder wie wenig bewusst mir auf dem Weg selbst war, dass Gott viele Schritte liebevoll und sorgsam vorbereitet hatte. Oder dass mir so mancher gute Gedanke, der hier und da wie eine Blume meinen Wegesrand geschmückt hatte, wieder verloren gegangen war. Auch das sind Zeichen unseres Unterwegsseins. Manche Zusammenhänge lassen sich erst im Rückblick erkennen, so wie wir Details eines Moments manchmal mitten im Trubel des Erlebens übersehen und sie erst entdecken, wenn wir im Nachhinein ein Foto betrachten. Oder wir durch die Fülle verschiedenster Eindrücke völlig überrollt werden und ganz bewusst den Fokus auf Einzelheiten lenken müssen, indem wir zum Beispiel Tagebuch schreiben.

Bei manchen Themen oder Kapiteln hatte ich zu Beginn auch ganz andere Aspekte im Kopf, über die ich eigentlich schreiben wollte. Doch diese Pläne haben sich sozusagen beim Schreiben selbst durchkreuzt, weil Gott mit mir eine neue Richtung eingeschlagen hat, die ich vorher gar nicht absehen konnte. Ich staunte selber immer wieder, wie Gott mir zum Beispiel neue Blickwinkel auf altbekannte Bibeltexte geschenkt hat oder mir Zusammenhänge zwischen Themen offenbart hat, die ich so noch nie gesehen hatte. Auch das ist doch Leben pur! Wir haben einen Plan oder zumindest eine Idee davon, wo wir hinwollen. Aber der Weg hält noch viele Abzweigungen, Kurven, Steine, Rastplätze, Gabelungen und Aussichtspunkte bereit, die wir von unserem derzeitigen Standpunkt aus gar nicht überblicken können. Vieles entwickelt sich im Gehen. Zusammenhänge werden erst beim Näherkommen deutlich. Sackgassen entpuppen sich manchmal ganz plötzlich. Kreuzungen fordern uns heraus und eröffnen uns zugleich neue Möglichkeiten.

Wir sind unterwegs. Wir gemeinsam. Sie und ich. Wichtig ist, dass wir nicht den Mut verlieren, nur, weil noch nicht alles so ist, wie wir es uns wünschen. Gott hat noch so viel vorbereitet. Aber er gehört leider nicht zu denen, die vor der Reise detaillierte Wegbeschreibungen, topografische Karten und Radaraufnahmen verteilen. Die Reise entwickelt sich im Gehen. Nicht für ihn – denn er ist ewig und allwissend. Aber für uns – denn wir sind das nicht. Dafür geht Gott selber mit. Er wird zum Weggefährten. Er macht uns Mut zu jedem nächsten Schritt. Er legt eine – wie ich es gerne nenne – heilige Unzufriedenheit in uns, die uns eine Ahnung davon schenkt, was noch vor uns liegt, und eine Sehnsucht, das zu entdecken. Und nicht zuletzt pflanzt er uns auch ein Stück Himmel ins Herz, damit wir bis zum Ende unseres Lebens auf dieser Seite durchhalten.

Wir sind eingeladen, das Land, das vor uns liegt, zu betreten. Heute. Jetzt. Nicht erst, wenn die Wanderschuhe nicht mehr drücken. Wenn wir mehr Zeit haben. Wenn wir uns besser im Griff haben. Wenn der Lebenstisch perfekt gedeckt ist. Denn wenn wir auf den idealen Zeitpunkt warten, werden wir vermutlich eines Tages wartend sterben.

In den letzten Zügen dieses Buches stieß ich bei Youtube auf eine Predigt von Carl Lentz (während des Stillens meiner Tochter natürlich – Sie erinnern sich?). Er ist Pastor der Hillsong Church in New York und seine Worte trafen mich mitten ins Herz (die ganze Predigt ist bei Youtube unter: Carl Lentz »A breaking point«[7] zu finden). Er sprach darüber, dass Gott auf der Suche nach Menschen ist, die für ihn und sein Reich verfügbar sind. Leider haben wir im Wesentlichen drei Ausreden: »fast«, »irgendwann« und »nur«. Fast hätte ich etwas gewagt. Fast hätte ich ein Gespräch begonnen. Fast wäre ich gegangen. Fast hätte ich meine Berufung gelebt. Aber irgendwann werde ich Großes für Gott bewegen. Irgendwann wird Gott mich gebrauchen können. Irgendwann bin ich bereit. Aber heute bin ich nur eine kleine Angestellte. Nur eine Mama in Elternzeit. Nur ein schüchternes Mädchen mit viel Angst.

Gottes Uhren ticken anders. Seine Maßstäbe haben eine andere Skala. Wenn bei uns Prestige, Hintergrund, Einkommen,

Familienstand, Einfluss oder sonstige Dinge zählen, um in dieser Welt etwas bewegen zu können, so gilt bei Gott nur, ob wir bereit sind, uns gebrauchen zu lassen. Wenn wir für ihn verfügbar sind, dann kann der Heilige Geist auf einen stinknormalen Moment unseres Lebens hauchen und alles verändern – bei uns, mit uns, durch uns. Unser Gehalt, unsere Zeit oder unsere Möglichkeiten spielen hierbei keine Rolle.

Die Frage ist also: Sind wir bereit?

- Sind wir bereit, Gott zur Verfügung zu stehen?
- Sind wir bereit, still zu werden?
- Sind wir bereit, uns von Gott unterbrechen zu lassen?
- Sind wir bereit, dass Gott unseren Tisch abräumen und neu decken darf?
- Sind wir bereit, Gott Gott sein zu lassen – mitten in unserem Leben?
- Sind wir bereit, unsere Ausreden aufzugeben und uns von ihm in dieser Welt gebrauchen zu lassen?
  Sind wir bereit, als Fräulein Wundervoll zu leben?

Gott hat Großes vor. Auch wenn sein »groß« in unseren Augen manchmal sehr »klein« und unspektakulär verpackt ist und unser Leben so gar nicht danach riecht, als würde überhaupt etwas passieren. Er hat verheißen, dass wir Salz und Licht in dieser Welt sein werden. Menschen, von denen Ströme des lebendigen Wassers ausgehen. Warum? Weil ihn das ehrt! Wenn die Welt sieht, dass die Töchter des Höchsten versöhnt mit sich, ihrem Leben, ihrem Gott und ihren Mitmenschen leben und dass sie Liebe, Hoffnung und Veränderung mit sich bringen, dann wird sie darin Gott selbst erkennen können. Und das wird ihr Appetit machen auf mehr!

Wir sind unterwegs. Wir gemeinsam. Sie und ich. Mit unserem Gott. Mit großen Schritten, kleinen Schritten. Beherzten Schritten, zaghaften Schritten. Aber mit Schritten. Oder – um noch mal im Bild des Tisches zu sprechen – manches wird abgeräumt, manches kann bleiben, manches wird neu gedeckt. Aber das Bild vom Tisch und das Bild der wundervollen Frau, die an diesem Tisch sitzt, ändern sich kontinuierlich. Dinge werden stimmig, die Speisen nahrhaft und köstlich, die Atmosphäre einladend. Weil der Gastgeber selbst dafür sorgt, wenn er darf. Er tut nichts lieber als das.

Darf ich Sie am Ende noch zu einem Gebet einladen und herausfordern? Denn nichts ist so kraftvoll, nichts hat so viel Potenzial für Veränderung wie ein Gebet.

Guter Vater, höchster König!
Ich komme vor dich, nehme Platz an deinem Tisch.
Die Gedanken kreisen, das Leben tobt,
die Stimmen in mir wabern durcheinander.
Doch nun werde ich still. Still vor dir.
Weil du mich anschaust, mich durchschaust,
mit Augen der Liebe.
Nichts ist nun wichtig, nur du und ich!
Ich genieße diese Gemeinschaft, sie erfüllt mein Herz.
Hier bei dir finde ich, was ich so dringend brauche.
Du hörst zu, tröstest, ermutigst, lachst,
korrigierst und beauftragst mich neu.
Ich sehne mich nach dem Leben,
das du für mich vorbereitet hast.

Ich weiß, dass es nicht immer einfach wird,
nicht immer bequem.
Aber es wird immer an deiner Hand sein.
Ich möchte verfügbar sein, dir gehorsam, voll Vertrauen.
Dies fällt mir schon schwer, noch während ich
diese Worte ausspreche, weil ich ihr Ausmaß
nicht abschätzen kann.
Ich verlasse sicheren Boden,
begebe mich ins Unbekannte.
Das verlangt mir viel ab und ich wage es nur,
wenn ich dabei auf dich schauen kann
und auf deine mir entgegengestreckte Hand.
Aber ich will kein »vielleicht« mehr,
kein »irgendwann«, kein »fast«.
Ich will es wagen. Hier und heute.
Ich will mit einsteigen in die Menge der Frauen,
mit denen du in dieser Welt dein Reich baust.
Ich will Salz sein und Licht. Ich will deine Liebe,
Hoffnung und Veränderung zu den Menschen tragen,
die sie so dringend brauchen.
Wenn es dabei auf mich ankommt, bin ich verloren.
Aber weil du du bist und ich in dir alles finde,
was es an Sinn, Freiheit, Leben und Wert zu finden gibt,
schöpfe ich Hoffnung. Fasse ich Mut. Gehe ich los!
Du machst mich zu der,
die ich in deinen Augen längst bin.
Durch dich bin ich mehr! In dir bin ich alles!
Das lässt mein Herz voll Dankbarkeit jubeln.

In Jesu Namen, Amen.

Anmerkungen

1 *Meer*, Originaltitel: *Oceans (Where Feet May Fail)*;
Text & Melodie: Joel Houston, Matt Crocker & Salomon
Ligthelm; dt. Text: Martin Bruch; © 2012 Hillsong Music
Publishing; Für D, A, CH: CopyCare Deutschland,
71087 Holzgerlingen.

2 Zum Beispiel Ian Stewart, Vann Joines: Die Transaktionsanalyse.
Eine Einführung. Verlag Herder, Freiburg im Breisgau 1990.

3 Allgemeine Infos finden Sie z. B. unter: www.dgta.de.

4 Zum Beispiel diese von David Wilkerson: Was Gott dir
versprochen hat. Mehr als 800 Verheißungen, thematisch
zusammengestellt. Asaph, Lüdenscheid 2014.

5 Jesper Juul: Dein kompetentes Kind. Rowohlt Taschenbuch
Verlag, Reinbek 2009, S. 97.

6 John Eldredge: Der ungezähmte Messias. Über einen
unwiderstehlichen Retter, der Ihr Herz erobern wird.
Gerth Medien, Asslar 2013.

7 https://www.youtube.com/watch?v=lX8BbpVpIkw
(zuletzt aufgerufen am 19.09.2016).

Fabienne Sita

Die Treppe
Eine ungewöhnliche Begegnung mit Gott

Fabienne Sita steckt mitten in einer Lebens- und Glaubenskrise, als Gott in einem Gottesdienst die Einladung ausspricht: 30 Tage im Thronsaal. Fortan macht sie sich jeden Morgen auf, die Treppe zum Thronsaal hinaufzusteigen — mal erwartungsvoll, mal widerwillig. Der Mann in Weiß ist dabei ihr treuer Begleiter. Die gleichnishaften Episoden ermöglichen Ihnen einen ganz neuen Blick auf Gott und schenken neue Kraft! Ein eindrucksvolles Leseerlebnis für Glaubende und Suchende.

Gebunden, 14 x 21,5 cm, 240 S.
ISBN 978-3-417-26816-4
Auch als E-Book